Kristina Jurick

AQUARELLMALEREI
Licht & Schatten

CV

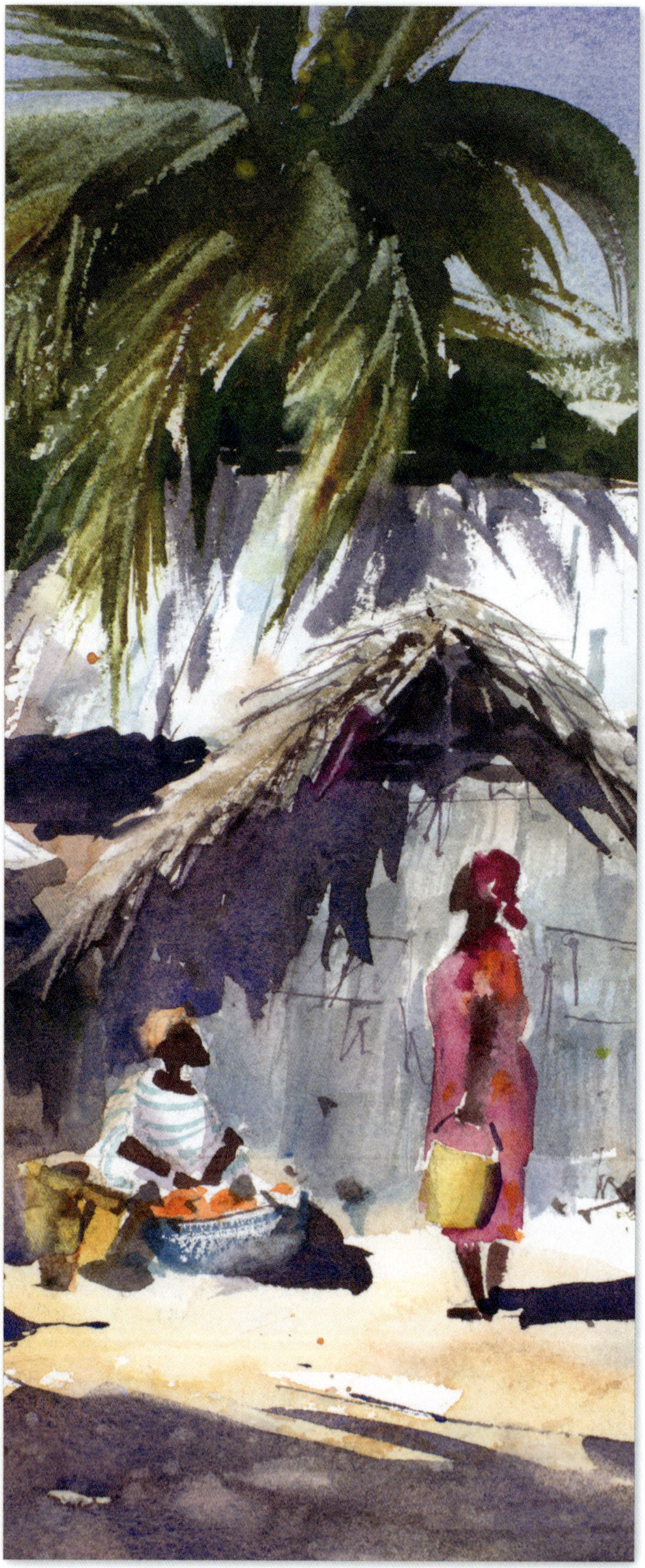

Inhalt

Vorwort

Ohne Schatten kein Licht. Aber Moment mal, müsste dieser Satz nicht andersherum lauten? Nicht in der Malerei, denn erst die Schatten lassen im Bild Licht entstehen und setzen es richtig in Szene. Das gilt ganz besonders für das Aquarell. Hier ist das Licht bereits vorhanden, nämlich in Form des weißen Papiers. Die Sonne geht aber erst auf, wenn man die Schatten gekonnt einsetzt.

Schatten gehören zu den Formen, die man sehr selten bewusst wahrnimmt - bis zu dem Moment, in dem man sie malen möchte. Wie dunkel sind eigentlich Schatten? In welche Richtung fallen sie? Haben sie die gleiche Form wie das Objekt, das sie wirft? Und was, wenn bei einer schönen Bildvorlage der Schattenfall nicht passt? Denn selbst bei sonnigen Bildvorlagen sind die Schatten oft nicht so, wie man sie gerne hätte, um eine gute Bildkomposition zu erreichen. Daher ist es sehr hilfreich, Schatten intensiv zu studieren, um sie dann je nach Bedarf einsetzen zu können.

Zunächst widmen wir uns kurz der Theorie vom Verhalten von Schatten, denn auch sie folgen gewissen Regeln der Perspektive. Wir haben nur eine Sonne, also die eine Lichtquelle, nach der sich alle Schatten richten. Schwieriger wird es bei künstlichem Licht und mehreren Lichtquellen.

Dieses Buch möchte dir ein Grundverständnis von Licht und Schatten in der allgemeinen Landschaftsmalerei geben. Die Bild-Beispiele geben einen Überblick der Einsatzmöglichkeiten, sodass du bald selbst Motiv-Vorlagen ohne Sonne in ein lichtdurchflutetes Bild verwandeln kannst.

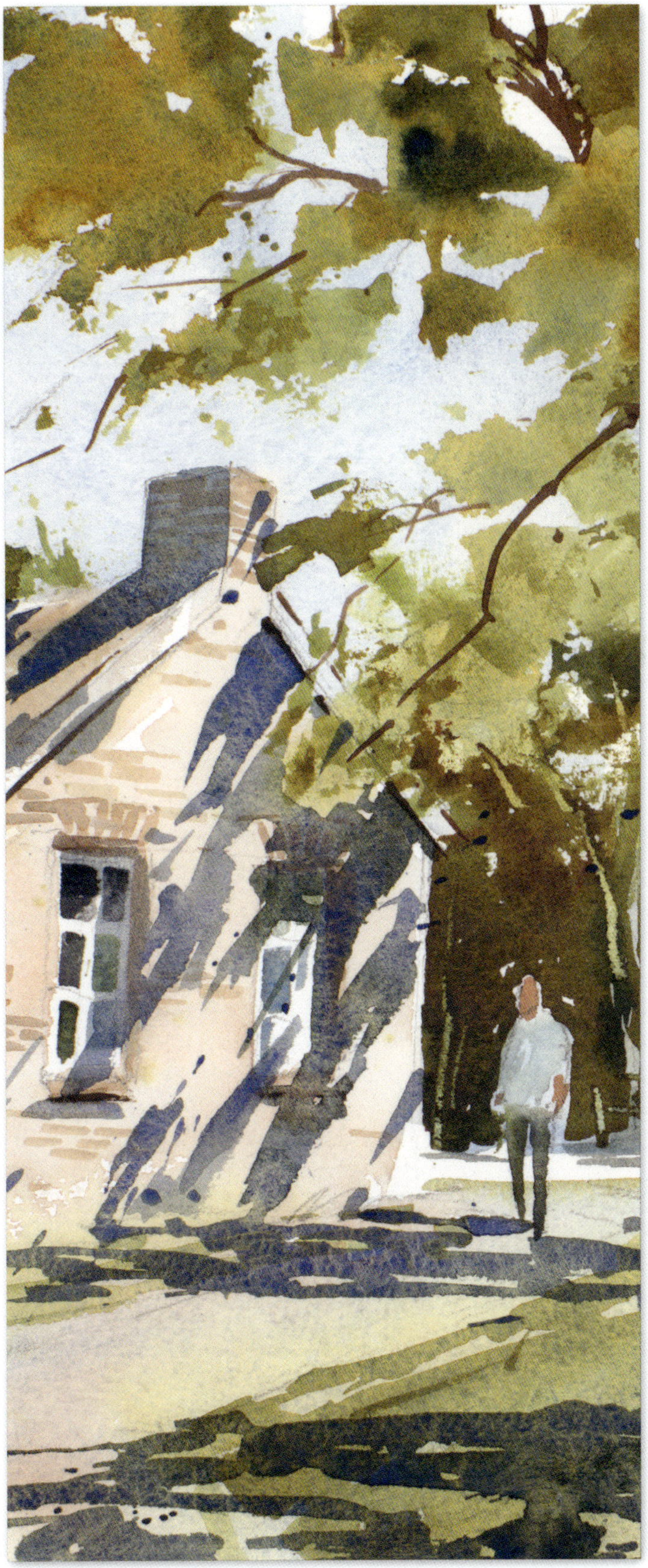

Das Material

Der Dschungel an Materialien für die Aquarellmalerei ist kaum zu durchblicken. Daher möchte ich dir hier ein paar Tipps geben, die dir hoffentlich hindurchhelfen:

Für die Beispiele in diesem Buch habe ich ein gutes Papier aus 100 % Hadern verwendet. Die Herstellung ist recht aufwendig und die Papiere entsprechend teurer als andere. Bekannte Qualitätshersteller sind z. B. Arches, Saunders Waterford oder Fabriano artistico.

Viele günstigere Aquarellpapiere sind dagegen oberflächenverleimt und von minderwertiger Qualität. Hier bleibt die Farbe auf der Oberfläche stehen, wodurch sie sich leicht auswaschen lässt. Dies ist ein Nachteil, wenn man aquarelltypisch mehrere Farbschichten übereinanderlegen möchte, denn beim Auftragen einer zweiten Schicht löst sich die erste sofort an.

Aquarellpapier gibt es mit unterschiedlichen Oberflächenstrukturen: Feinkorn und Grobkorn (Torchon) sind kalt gepresst und haben eine feine oder gröbere Textur. Satiniertes Papier ist heiß gepresst und ganz glatt. Das Motiv bestimmt darüber, welche Textur ich verwende.

Gute Aquarellblöcke sind an allen vier Seiten verleimt; so erspart man sich das Aufkleben des Papiers auf einen Untergrund. Ich bevorzuge Bogenware, erstens, weil sie günstiger ist, und zweitens ist man damit flexibler, denn man kann sich das gewünschte Format zuschneiden. Vor Malbeginn fixiere ich das Blatt mit Malerkrepp auf einer beschichteten Spanplatte, damit es sich beim Malen nicht zu sehr wellt. Von gutem Papier lässt sich das Klebeband restlos wieder abziehen.

Im Laufe von 30 Jahren haben sich bei mir nicht wenige Pinsel aller möglichen Sorten, Formen und Pinselhaaren angesammelt. Hier zeige ich die Pinsel, mit denen ich am liebsten male und mit denen die Beispielbilder in diesem Buch entstanden sind. Letztlich musst du aber für dich

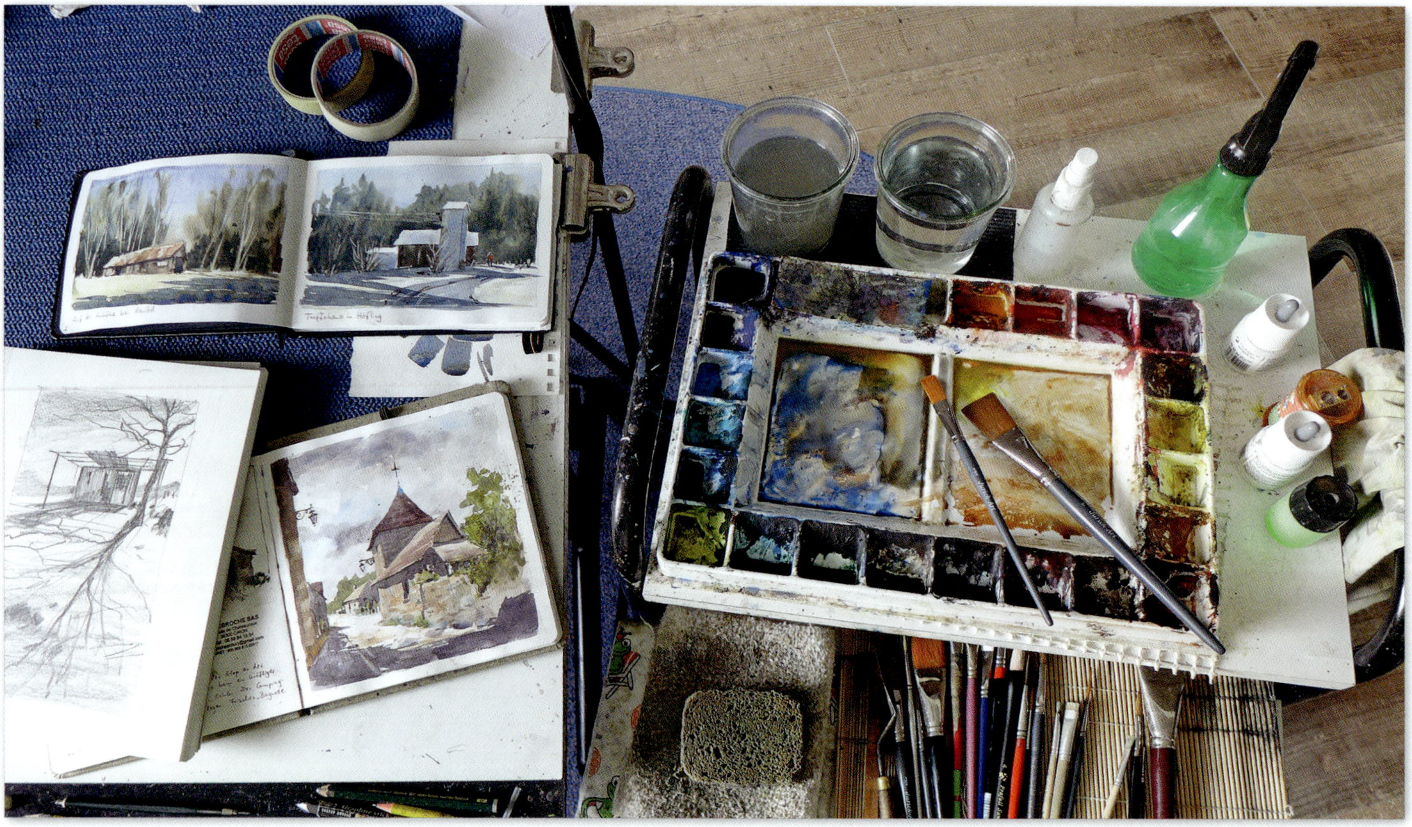

herausfinden, ob du mit Rund- oder mit Flachpinseln besser zurechtkommst. Und dann heißt es üben, üben, üben, wie du deine ausgewählten „Mitarbeiter“ richtig einsetzt.

Meine Pinsel

1. Schlepperpinsel Nr. 6
2. Schlepperpinsel, auch Linierer genannt, Nr. 8

3–5 Flachpinsel ½ “ (1,27 cm), 1 “ (2,54 cm) und 1,5 “ (3,81 cm), alle Jurick-Art

6. Rotmarder-Rundpinsel Nr. 10
7. Malspachtel Nr. 013
8. Borsten-Fächerpinsel
9. Borstenpinsel (hart)
10. alter Flachpinsel (weich) zum Auswaschen
11. alter Rundpinsel zum Spritzen

Meine Farbpalette:

- Kadmiumgelb
- Chinacridongold
- Siena natur
- Siena gebrannt
- Alizarin-Karmesin
- Kadmiumrot mittel
- Lasurorange
- Französisch Ultramarin
- Preußischblau
- Kobaltblau
- Coelinblau (z. B. von Winsor & Newton oder Sennelier; ähnlich Kobaltcoelin von Schmincke)
- Kobalttürkis
- Winsorgrün
- Neutraltinte
- Titanweiß

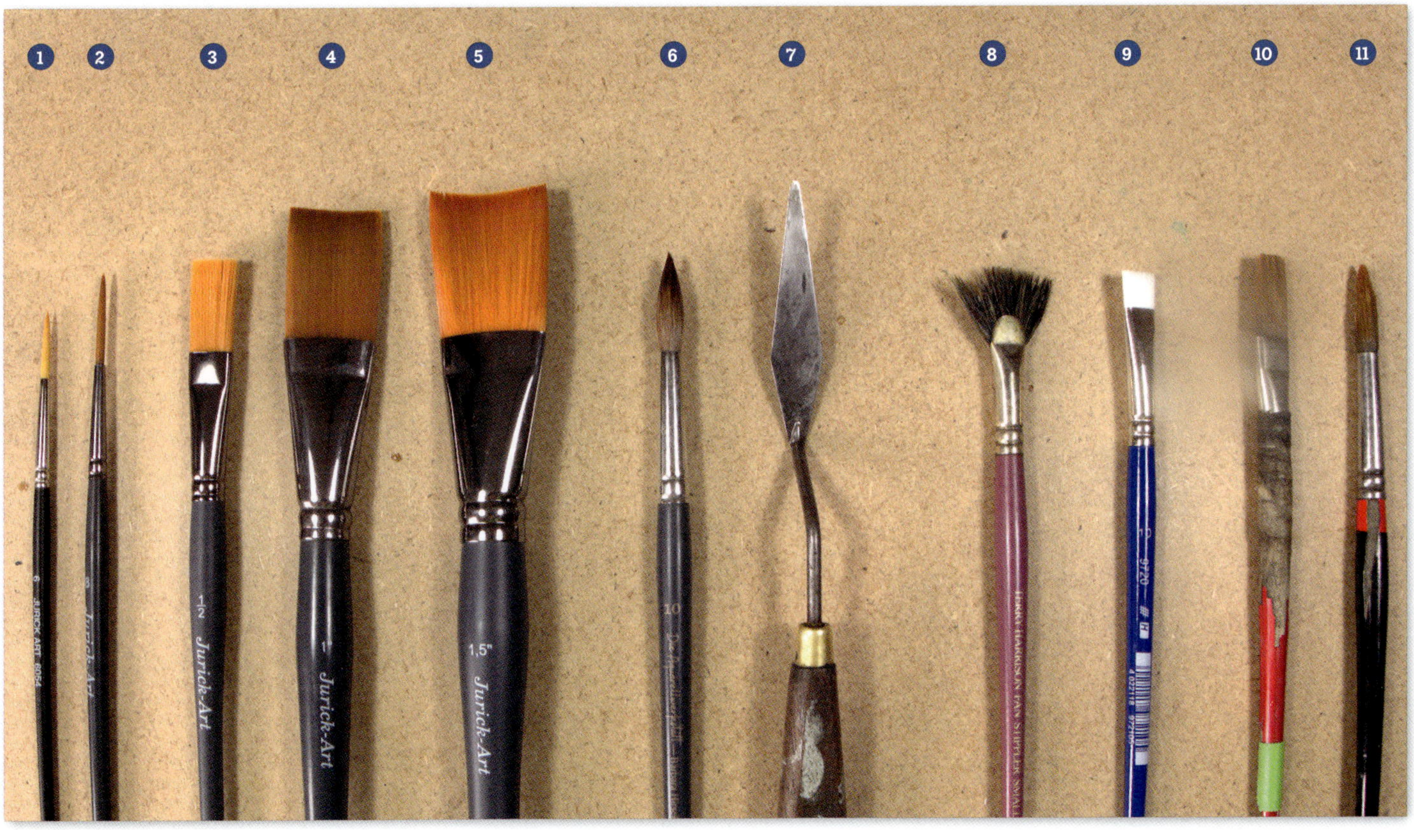

Aquarellfarben gibt es in Tuben und in kleinen Näpfchen, die man in Aquarellkästen einsetzen kann. Farben aus der Tube sind sofort einsetzbar, solche in Näpfchen solltest du einige Zeit vor Malbeginn anfeuchten, damit sie verarbeitungsfähig werden. Das gilt auch für auf der Mischpalette getrocknete Tubenfarben.

Hilfsmittel:

- große Mischpalette für das Anmischen der Farben
- zwei Wasserbehälter, einen zum Auswaschen der Pinsel und den anderen für sauberes Wasser.
- Cellulose-Schwämmchen oder Baumwoll-Mallappen, um überschüssiges Wasser aus dem Pinsel zu nehmen
- Sprühflasche mit Wasser
- Papiertaschentücher (ohne Weichmacher und Duftstoffe!)

Material für Tonwertskizzen:

- Zeichenblock, ca. 120 g/m^2
- weicher Grafitstift 9B für das Schattieren der größeren Flächen
- Bleistift der Stärke HB - 2B für das Vorzeichnen auf dem Aquarellpapier
- Knetradiergummi
- fester Radiergummi

Tipp: Platziere als Rechtshänder alle Materialien rechts von dir und als Linkshänder folglich alles links von dir. So hast du mit dem Pinsel den kürzesten Weg aufs Papier. Stelle das Wasser in einigem Abstand zum Blatt und - ich spreche hier aus Erfahrung - den Kaffee auf die gegenüberliegende Seite ...

Licht und Schatten - Grundsätzliches

Um Schatten korrekt darzustellen, sollten dir zwei Dinge bewusst sein: erstens der Lichtwinkel, welcher sich aus der Höhe der Lichtquelle ableitet, und zweitens die Lichtrichtung, die sich aus dem Stand der Sonne oder Lichtquelle in Bezug zum Betrachter ergibt.

Schattenfall konstruieren

Bei Tageslicht, also wenn die Sonne scheint, gehen wir von einer einzigen Lichtquelle aus. Die Sonne ist so weit weg, dass man sich ihre Strahlen als parallele Linien vorstellen kann. Je nach Tageszeit und Ort steht die Sonne höher oder tiefer, das bestimmt den Lichtwinkel (rote Linie). Ein Schatten entsteht, wenn die Sonnenstrahlen durch ein Objekt unterbrochen werden. Dadurch fällt kein Licht auf die von der Sonne abgewandte Seite des Objektes; sie liegt im Schatten (Eigenschatten, 1). Außerdem wirft das Objekt einen Schatten auf den Boden, den sogenannten Schlagschatten (2). Der Schatten beginnt an der Stelle, an der das Objekt auf dem Boden aufsitzt, dem Bodenpunkt (b). Von dort geht die Lichtrichtung (grüner Pfeil) aus. Möchte man die Länge des Schlagschattens feststellen, verlängert man den Lichtwinkel (rote Linie), der durch den höchsten Punkt des Objektes (a) verläuft, bis er die Linie der Lichtrichtung (grün) kreuzt. Es ergibt sich der Endpunkt des Schattens (c) und somit die Länge des Schlagschattens (b - c).

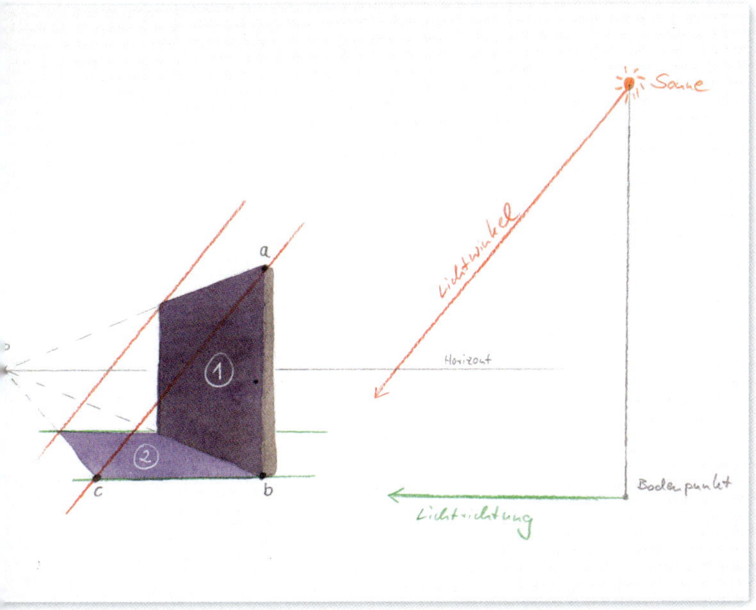

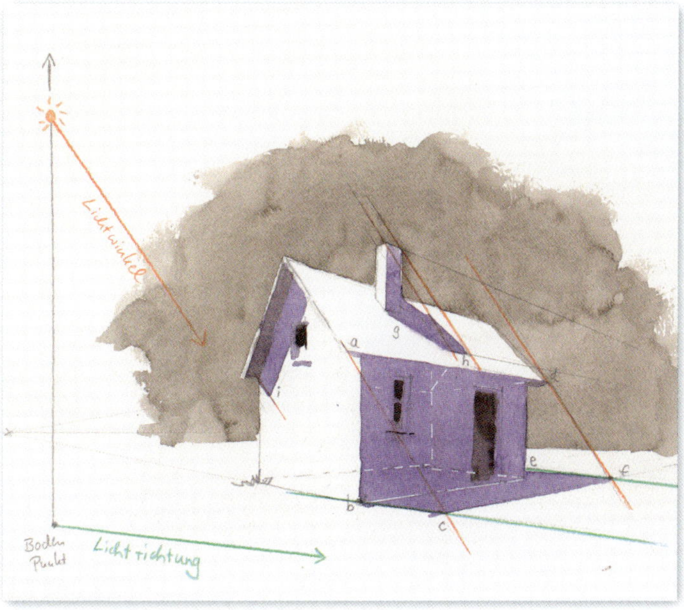

Die Basis

Mit dieser Methode lassen sich Richtung und Größe des Schlagschattens recht einfach bestimmen, solange die Sonne rechts oder links von uns steht, da die Abweichung der Lichtrichtung so gering ist, dass man sie mit parallelen Linien anlegen kann. Steht die Sonne jedoch vor oder hinter uns, wird die Konstruktion der Schlagschatten etwas komplizierter. Dazu kommen wir später (siehe S. 12).

Meist befindet sich eine Szene im besten Licht, wenn die Sonne entweder von links oder von rechts kommt. Das erlaubt dem Künstler, eine Seite sonnig und eine schattig zu malen. Ein guter Nebeneffekt ist, dass z. B. ein Gebäude dadurch mehr Tiefe bekommt, es wirkt dreidimensionaler. Wenn das Häuschen vollständig im Licht oder vollständig im Schatten liegt, wirkt es weniger interessant und die Räumlichkeit tritt weniger klar hervor.

Bei Häuschen 1 kommt das Licht von links und bei Häuschen 2 von rechts. Beide Varianten leuchten in der Sonne und sind jeweils mit den parallelen Linien von Lichtwinkel und Lichtrichtung gezeichnet.

Lichteinfall von links

Der Lichtwinkel (rot) setzt jeweils oben am Objekt an, die Lichtrichtung (grün) jeweils dort, wo das Objekt auf dem Boden steht. Die hintere Hausecke ist hier gestrichelt dargestellt, da sie nicht sichtbar ist. Man muss aber nicht jedes Mal eine genaue perspektivische Zeichnung anfertigen, es genügt zu wissen, dass der Schatten ein wenig um das Haus herum verläuft (e). Je weiter ein Dach über die Wand hinausragt, desto länger wird auch der dazugehörige Schatten, und je mehr Sonne die Giebelseite abbekommt, desto kürzer wird sein Schatten (i). Hier hat man schon etwas künstlerischen Spielraum mit der Länge dieses Schattens. Er sollte z. B. so gesetzt werden, dass er nicht genau auf eine Fensterecke trifft.

Der Schornstein sitzt auf dem schrägen Dach und nicht auf dem horizontalen Boden. Dadurch bleibt zwar der Lichtwinkel gleich, aber die Lichtrichtung fällt hier weg. Linie (h) ist parallel zur Oberkante des Schornsteins und läuft folglich zum gleichen Fluchtpunkt rechts.

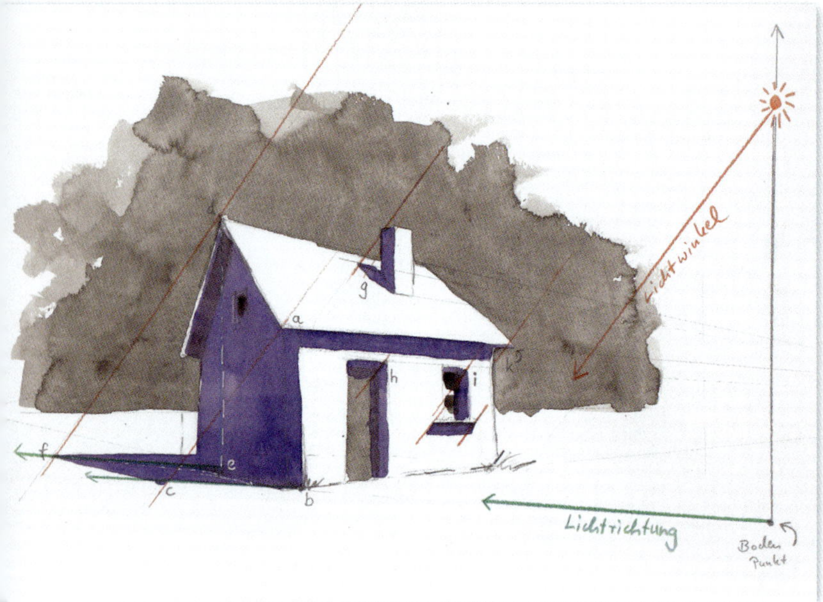

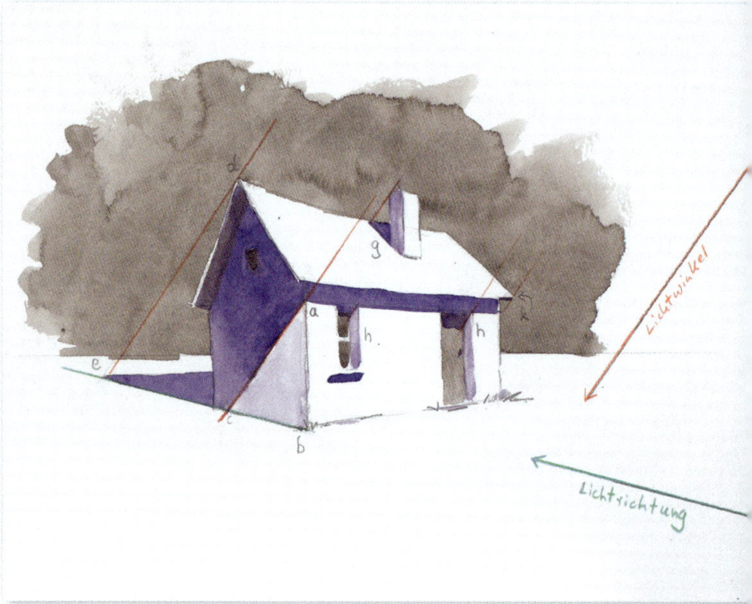

Lichteinfall von rechts

Um herauszufinden, wohin der Giebel seinen Schatten wirft, zieht man einen Strich von der Giebelspitze bis zum Boden (d - e). Von dort zieht man für die Lichtrichtung eine Linie (grün); der Schnittpunkt mit dem Lichtwinkel ergibt die Spitze des Giebelschattens (f).

Der Schatten des Schornsteins fällt aufgrund der Dachschräge nach oben (g). Der Überstand des Daches wirft einen Schatten auf die rechte Hauswand (k). Sind Türen und Fenster nach innen versetzt, gibt es auch hier malerische Schattenwürfe (i und h).

Sonne von vorn

Bei diesem Beispiel wirft der Dachüberstand einen Schatten auf die linke Hausseite. Die Sonne steht hier nahezu parallel zu den Hauskanten. Wandert die Sonne etwas nach rechts, wäre die linke Hauswand komplett im Schatten, wandert sie weiter nach links, würde die Hauswand langsam immer mehr ins Licht getaucht. Der jetzt lange Schatten des Dachüberstandes wird dann immer kürzer, bis er ganz verschwindet.

Der größte Teil des Hausschattens liegt hinter dem Haus und ist nicht zu sehen. Flächen, die nach links gerichtet sind und noch etwas Sonne abgekommen, sind leicht lila gefärbt, sonst könnte man sie im Tonwert nicht von den rechten Flächen unterscheiden (siehe h und Schornstein). Allein der Richtungswechsel des Schattens auf der Giebelseite links bei (a) erklärt sonst den Wechsel der Hausseiten. Der Schatten des Schornsteins (g) endet direkt auf der Dachoberkante.

Ohne Leidenschaft gibt es keine Genialität.

Theodor Mommsen

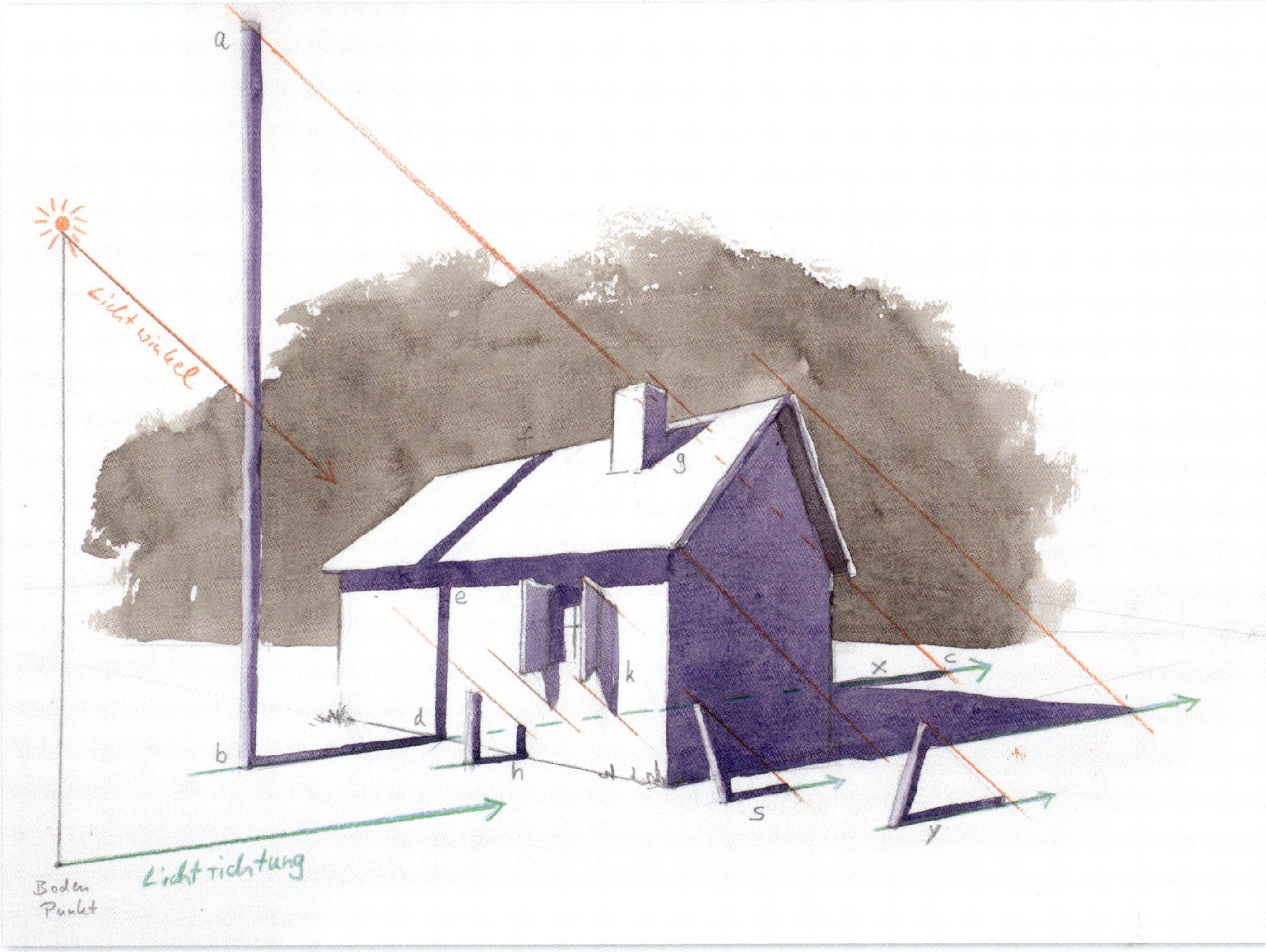

Schattenfall auf unterschiedlich ausgerichteten Flächen

Immer wieder wirst du es mit Schatten zu tun haben, die über andere Objekte fallen, so wie hier beim Strommast. Von Punkt b an verläuft er auf dem Boden, bis er bei Punkt d auf das Haus trifft. Nun folgt er der Hauswand senkrecht nach oben, verbindet sich dort mit dem Schatten des Dachüberstandes und geht leicht versetzt nach links weiter, um der Dachschräge zu folgen. Hätte das Dach keinen Überstand und würde direkt auf der Wand beginnen, verliefe der Schatten des Mastes nicht versetzt. Da der Mast sehr hoch ist, läuft er auch hinter dem Haus noch weiter (x). So weit, bis er wieder auf den Schnittpunkt von Lichtwinkel und Lichtrichtung fällt (c).

Der kleine Pfosten beim Fenster ist kürzer, und sein Schatten endet auf der Hauswand (h). Die Schattenlänge der Fensterläden richtet sich ebenfalls nach dem Lichtwinkel (k).

Neigt sich ein Objekt zur Lichtquelle hin, wird sein Schatten verkürzt (s). Neigt es sich vom Licht weg, wird sein Schatten länger (y).

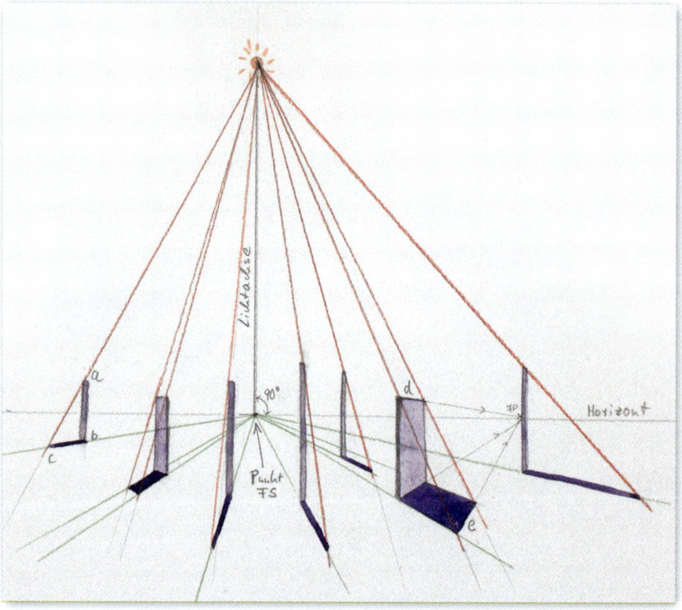

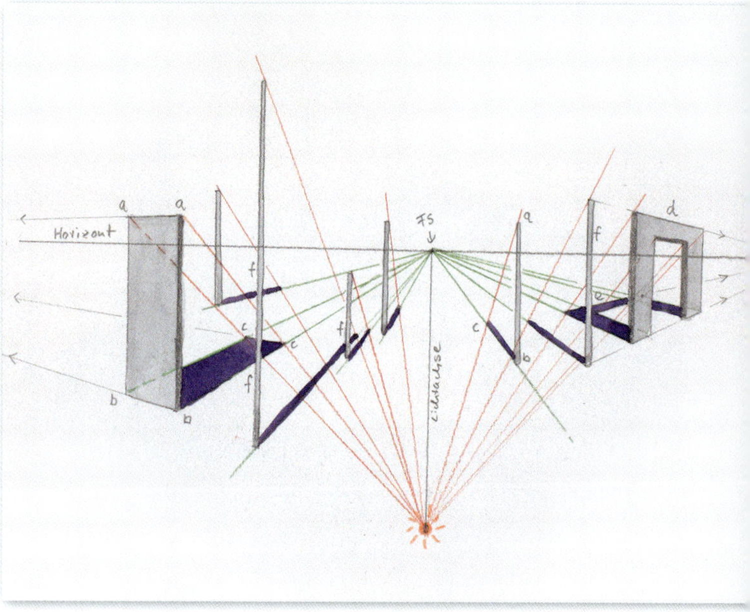

Schattenfall bei Gegenlicht

Bei Gegenlicht verhalten sich die Schatten nicht mehr wie parallele Linien. Sie laufen strahlenförmig von der Sonne weg. Um sie zu berechnen, zieht man eine Achse von der Sonne aus bis zum Horizont. Den Schnittpunkt kann man als Fluchtpunkt Sonne (FS) bezeichnen. Von diesem Punkt aus gehen die grünen Strahlen der Lichtrichtung aus, die mit den Bodenpunkten (b) der Objekte verbunden werden. Den Lichtwinkel bestimmt wie immer der Stand der Sonne und die Oberkanten (a) der Objekte. Die Kreuzungspunkte (c) der Lichtwinkel mit der Lichtrichtung bestimmen wieder die Länge (c). Auch hier sind die Schatten parallel zu den Objektflächen (d + e) und laufen zum gleichen Fluchtpunkt.

Licht von hinten

Etwas schwieriger ist nun die Konstruktion der Schatten, wenn der Betrachter die Sonne im Rücken hat. Da wir in einer dreidimensionalen Welt leben, unser Blatt Papier aber nur zwei Dimensionen hat, wandert die Sonne jetzt unter die Horizontlinie. Die Ansicht ist ähnlich wie bei einer Landkarte, wenn der Weg genau hinter dem Betrachter weitergeht. Das wird dort auch mit einem Pfeil nach unten angezeigt. Der restliche Vorgang entspricht dem des Gegenlichtes: Von der unten platzierten Sonne aus zieht man die Lichtachse nach oben zum Horizont, und es entsteht Punkt FS. Wieder gehen die grünen Strahlen der Lichtrichtung von diesem Punkt zu den Bodenpunkten der Objekte (b). Die Linien des Lichtwinkels gehen von der Sonne erneut zu den oberen Punkten der Objekte (a). Ihre Schnittpunkte (c) ergeben die Schattenlängen.

Manchmal laufen Schatten hinter anderen Objekten vorbei (hier in drei Fällen mit f dargestellt). Achte darauf, diese Objekte dann nicht „durchzustreichen“. Der Schatten (e) der Wand (d) ist wieder parallel und hat den gleichen Fluchtpunkt. Du siehst also: Vieles wiederholt sich und ist nur eine Frage der Übung.

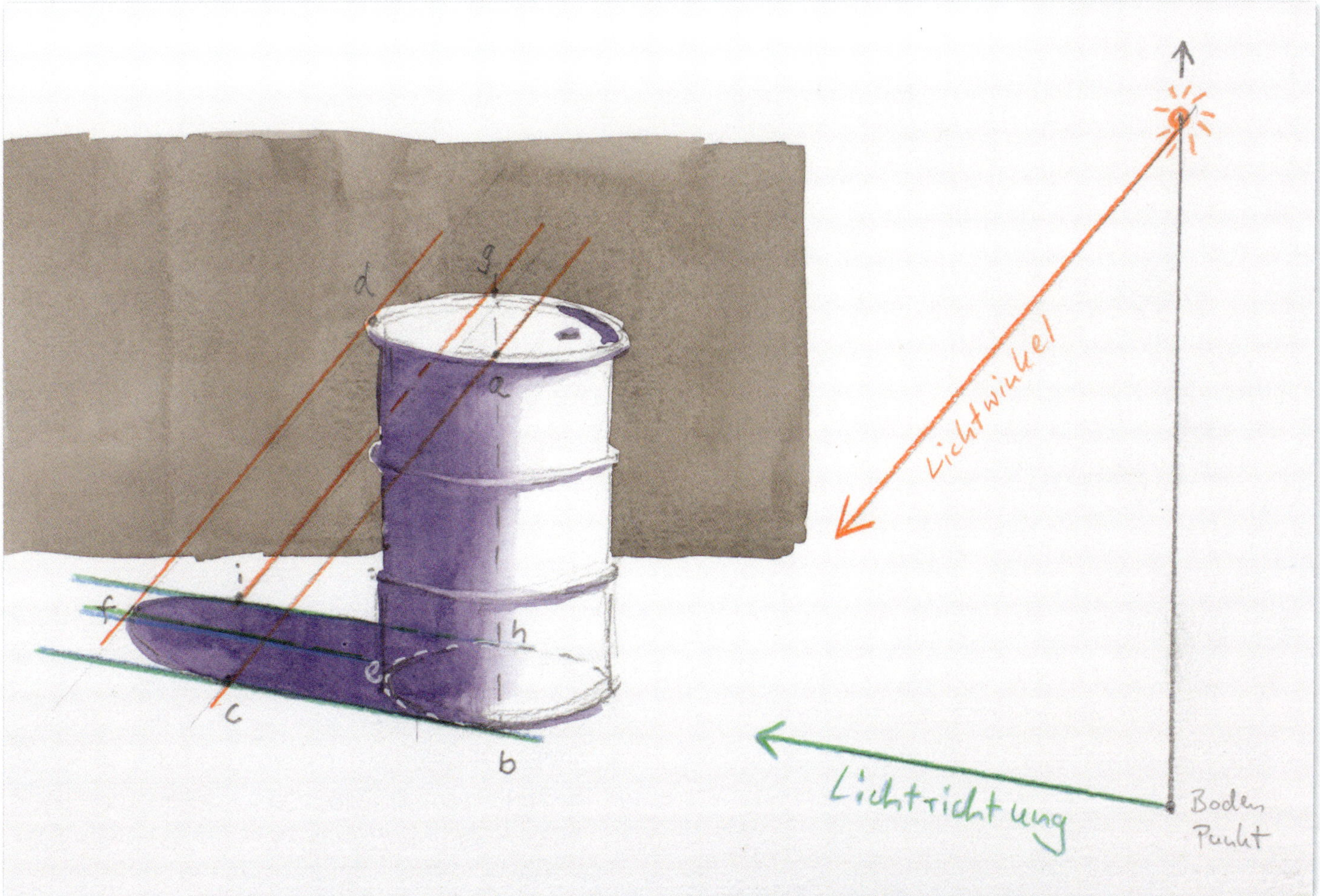

Schatten bei runden Objekten

Der einzige große Unterschied bei Schatten auf runden Objekten ist, dass sie einen weichen Übergang von Hell nach Dunkel haben und nicht klar abgetrennt sind. Die Schattenkonstruktion bleibt aber gleich: Der Lichtwinkel (rot) trifft auf die Lichtrichtung (grün) und ergibt Punkt (c). Das wiederholt man an verschiedenen Punkten des Objekts (hier d – e – f und g – h – i). Die Verbindung der Schnittpunkte (c – f – i) ergibt die Rundung des Schattens.

Um den weichen Übergang im Aquarell zu erreichen, gibt es drei Möglichkeiten:

- Du feuchtest die Fläche gleichmäßig an und malst den Schatten mit pastoser Farbe in die feuchte Fläche.
- Du malst die Schattenfläche mit einem nicht zu trockenen und nicht zu feuchten Pinselstrich. Dann spülst du den Pinsel aus und wäschst sofort die scharfe Kante mit klarem Wasser weich. Nimm dabei nicht zu viel Wasser, sonst läuft es zurück in die Schattenfläche.
- Nur bei gutem Hadernpapier: Den Schatten wie gewünscht einmalen, ganz trocknen lassen und mit einem festeren Pinsel „weichschrubben".

Probiere aus, mit welcher Methode du am besten zurechtkommst. Die Auswaschtechnik erfordert etwas Übung, also nicht gleich aufgeben. Die Ergebnisse aller drei Varianten unterscheiden sich auf Hadernpapier kaum.

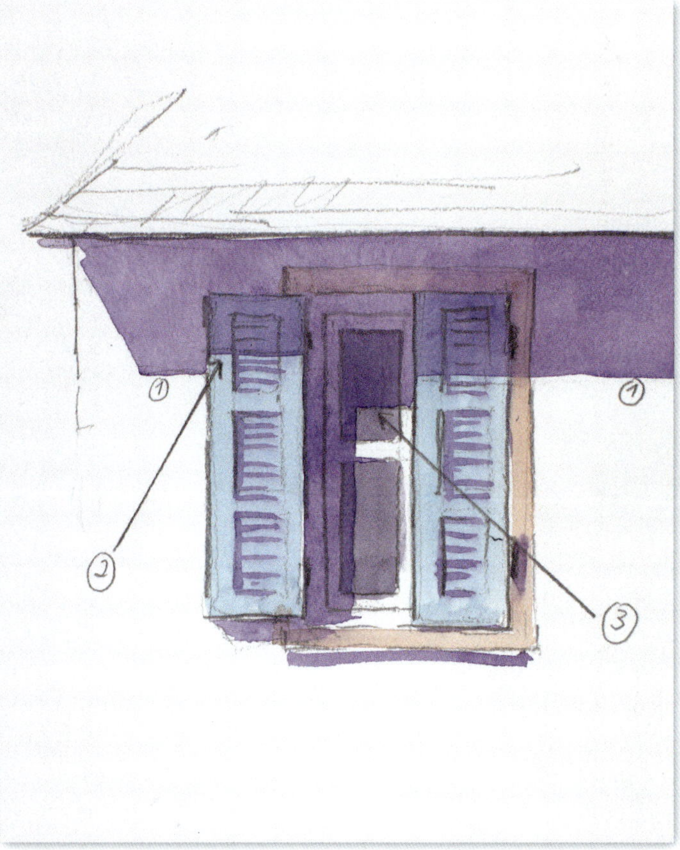

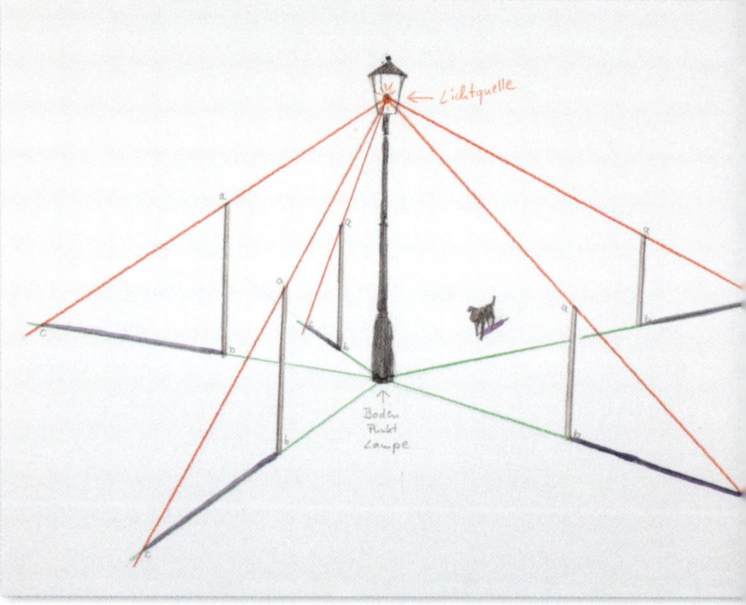

Schatten auf unterschiedlichen Ebenen

Fällt ein Schatten (1) auf eine unebene Fläche, wie hier im Beispiel auf einen geöffneten Fensterladen, verändert er sich. Fällt er über eine Erhebung (der geöffnete Fensterladen), rutscht er in der Bildfläche ein Stück nach oben (2). Fällt er im Gegensatz dazu über eine Vertiefung (das tiefer liegende Fenster), sitzt er in der Bildfläche etwas tiefer (3)

Künstliche Lichtquellen

Bei künstlichen Lichtquellen, z. B. bei dieser Laterne, gehen die Lichtstrahlen in alle Richtungen von der Lichtquelle weg. Je weiter ein Objekt von dieser Lichtquelle entfernt ist, desto länger und schwächer wird sein Schatten. Die Linien der Lichtrichtung laufen vom Bodenpunkt der Lampe zu den Bodenpunkten der jeweiligen Objekte. Die Schnittpunkte mit den Linien der Lichtwinkel ergeben wieder die Länge der Schatten (hier die der Stangen zwischen b und c).

Es gibt keinen „richtigen" Weg, Kunst zu machen. Der einzige Fehler besteht darin, es nicht zu versuchen, es nicht zu tun. Errichten Sie keine Barrieren, die es nicht gibt – machen Sie sich einfach an die Arbeit und schaffen Sie etwas.

Lisa Golightly

Welchen Farbton haben Schatten?

Tonwerte

Bevor du beginnst, die Farbe für den Schatten zu mischen, gilt es, seinen Tonwert zu verstehen. Hier im Beispiel siehst du drei sehr unterschiedliche Intensitäten: Oben ist der Schatten im Verhältnis zum Hintergrund viel zu hell. Es gibt Wetterstimmungen, in denen die Sonne nur wenig durch die Wolken spitzt, aber dann sollten die zarten Schatten zum Rest der Komposition passen. In diesem Fall ist der Kontrast zu hoch.

Beim unteren Haus haben wir das Gegenteil: Der Schatten ist so dunkel, dass keine Details mehr zu sehen sind. Er wirkt zu wuchtig und schwer.

Wie so oft ist die goldene Mitte der beste Weg: nicht zu hell und nicht zu dunkel. So besteht die Möglichkeit, hellere oder dunklere Details zu zeigen, vor allem in größeren Schattenflächen. Wenn in Schattenflächen weißes Papier stehenbleibt, ist das meist irreführend für den Betrachter. Hierbei könnte es sich eventuell um die Spiegelung des Sonnenlichts in einer Glasscheibe handeln. Aber ansonsten sind auch helle Objekte im Schatten viel dunkler als im Licht.

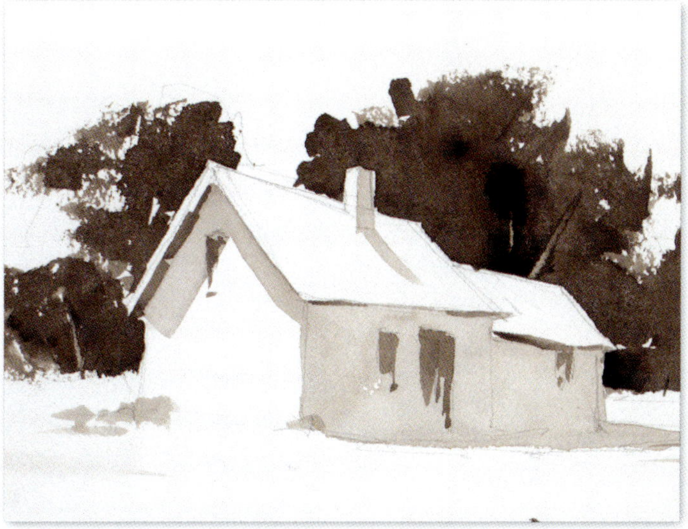

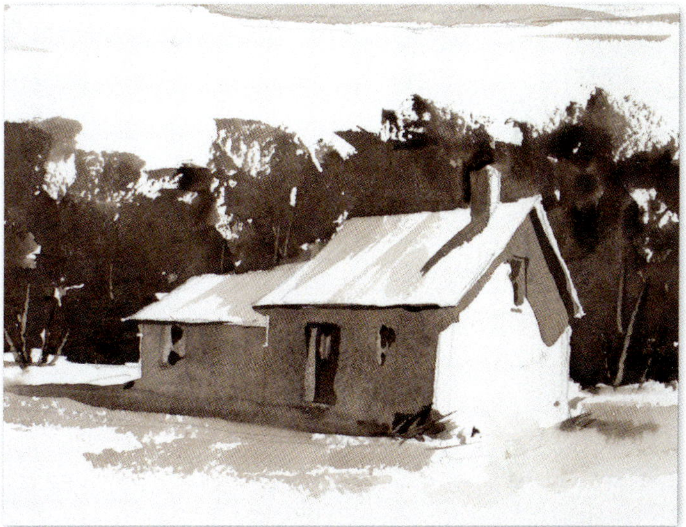

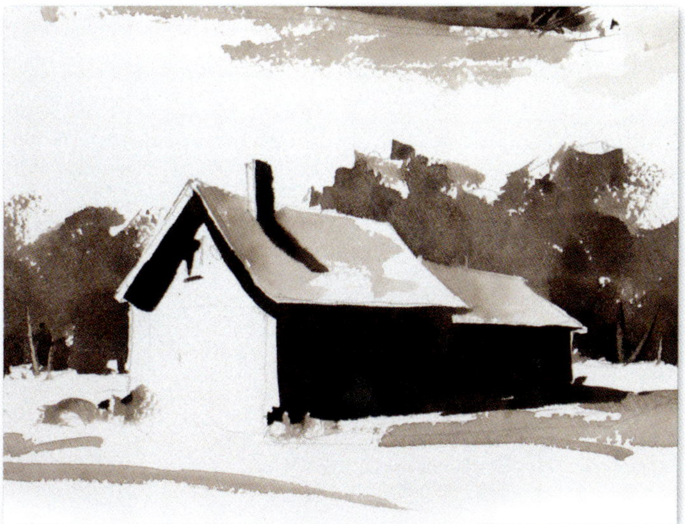

Wichtig: Damit der Betrachter Schattenflächen als diese lesen kann, sollten alle Schatten in einem Bild annähernd den gleichen Tonwert und die gleiche Farbe haben.

Schattenfarben

Farbe ist eine sehr persönliche Sache, und je nach Stil des Malers können Schatten alle möglichen Farben haben. Wichtig ist, dass es immer zum jeweiligen Bild und Stil passt. Im Folgenden zeige ich eine Auswahl an unterschiedlichen Vorgehensweisen.

Ton in Ton

Hat man als Motiv nur eine große braune Scheune, kann man eine Seite hellbraun und die andere dunkelbraun malen. Der Schatten des Dachüberstandes hat dasselbe Braun wie die rechte Scheunenseite. Ist der Schlagschatten sehr schmal, genügt es, das Braun etwas in die Wiese zu ziehen. Solange keine weiteren Schatten im Bild vorkommen, ist dies eine stimmige Lösung.

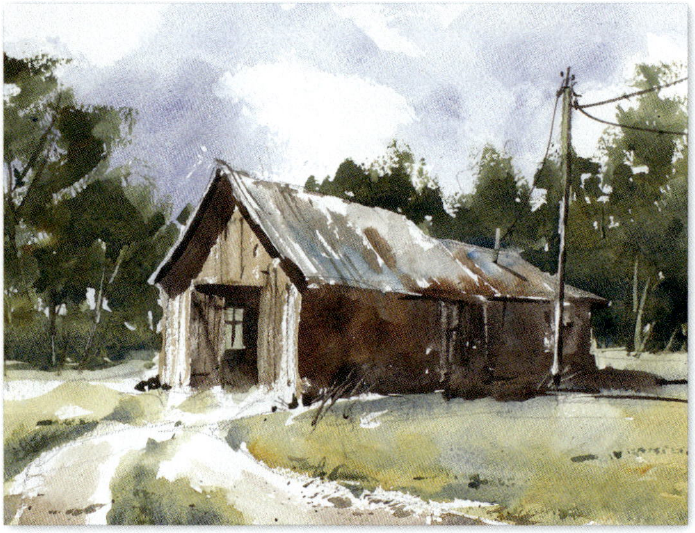

Standard-Schattenfarben

Viele Künstler haben eine fertige Schattenfarbe, die sie bei jedem Bild verwenden. Weitverbreitet ist hier leider Indigo. Es sieht nass recht ansprechend aus, trocknet aber sehr stumpf auf. Auch ein fertiges Grau aus der Tube ist beliebt, kann jedoch nüchtern und kalt wirken. Mauve wird ebenfalls häufig verwendet und ist schon fröhlicher, aber auch nicht für jede Stimmung und jeden Geschmack geeignet.

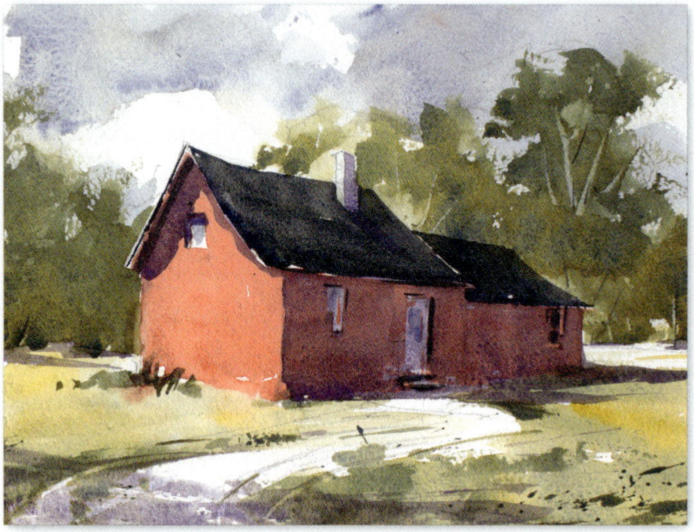

Wichtig: Egal, wie viele Objekte im Bild sind, ob die Häuser rot, grün, blau oder gelb sind, eine einheitliche Schattenfarbe bringt Farbharmonie ins Bild und verbindet die Formen optisch miteinander.

Individuell gemischte Schattenfarbe

Die für mich stimmigste Variante ist, die Farben für die Schatten aus den Farben zu mischen, die schon im Bild vorhanden sind. So gut wie immer ist bei dieser Mischung das Blau des Himmels dabei, abgetönt oder variiert mit einer anderen Farbe aus der gewählten Palette. So ist eine Farbharmonie garantiert.

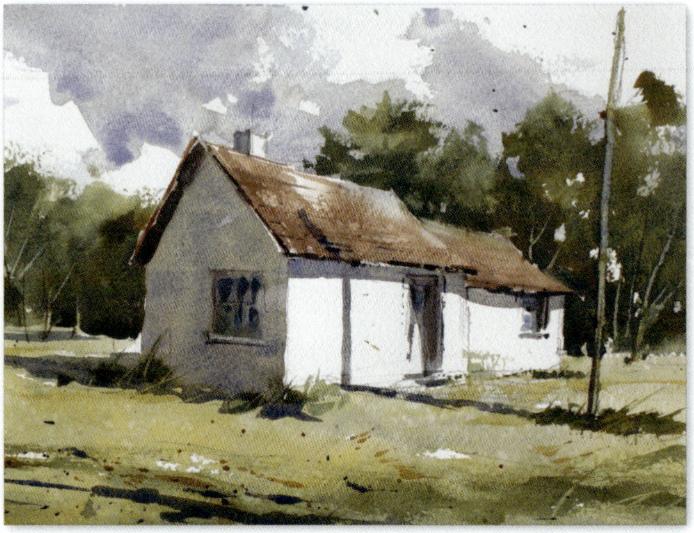

Reflektiertes Licht

Hast du reflektiertes Licht schon einmal ganz bewusst wahrgenommen? Ganz besonders gut sieht man es an weißen Häusern: Die Sonnenstrahlen treffen auf den Boden, und ein Teil der Bodenfarbe wird in die Schattenfläche zurück reflektiert.

Auf den beiden Fotos ist sehr gut zu erkennen, wie die Umgebung die Farbigkeit des Schattens beeinflussen kann. Mit diesem Wissen kann man Schatten richtig zum Leuchten bringen!

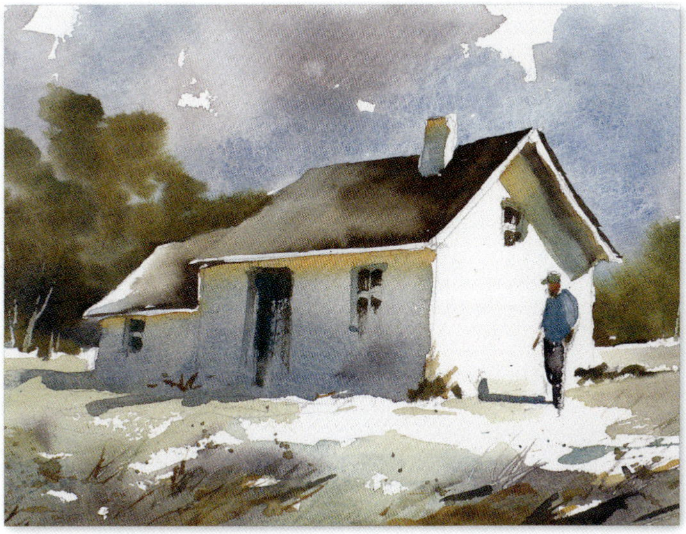

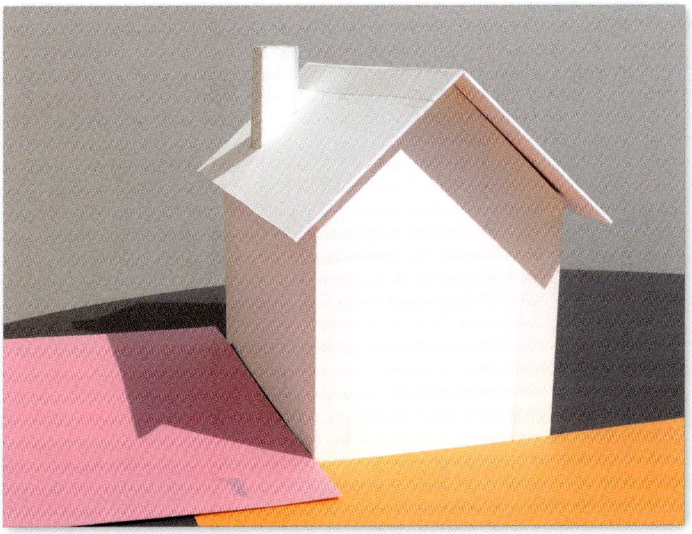

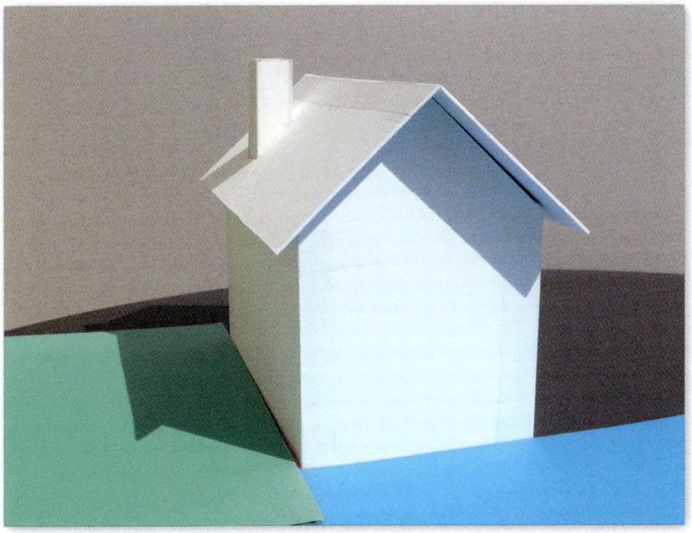

Die malerische Umsetzung von reflektiertem Licht in deinem Bild ist Geschmackssache. Am besten beginnst du mit der helleren Farbe und schließt sofort mit der dunkleren Farbe an. Die Flächen müssen dabei gleichmäßig feucht sein. Es dürfen keine harten Kanten oder Farbrückläufe entstehen. Es darf weder zu nass noch zu trocken gearbeitet werden. Mit etwas Übung wird es dir sicherlich gut gelingen.

Tipp: Verlasse dich bei der Auswahl der Schattenfarbe und seines Tonwertes nicht zu sehr auf deine Fotovorlagen. Jede Kamera hat andere Lichtmesser, und Schatten wirken auf Fotos oft viel zu dunkel oder die Sache ist überbelichtet.

Teste deine Schattenfarbe und seine Dunkelheit vorher auf einem extra Stück Papier und halte es dann neben dein Bild. Du wirst sofort merken, ob es passt oder ob du eine andere Wahl treffen solltest.

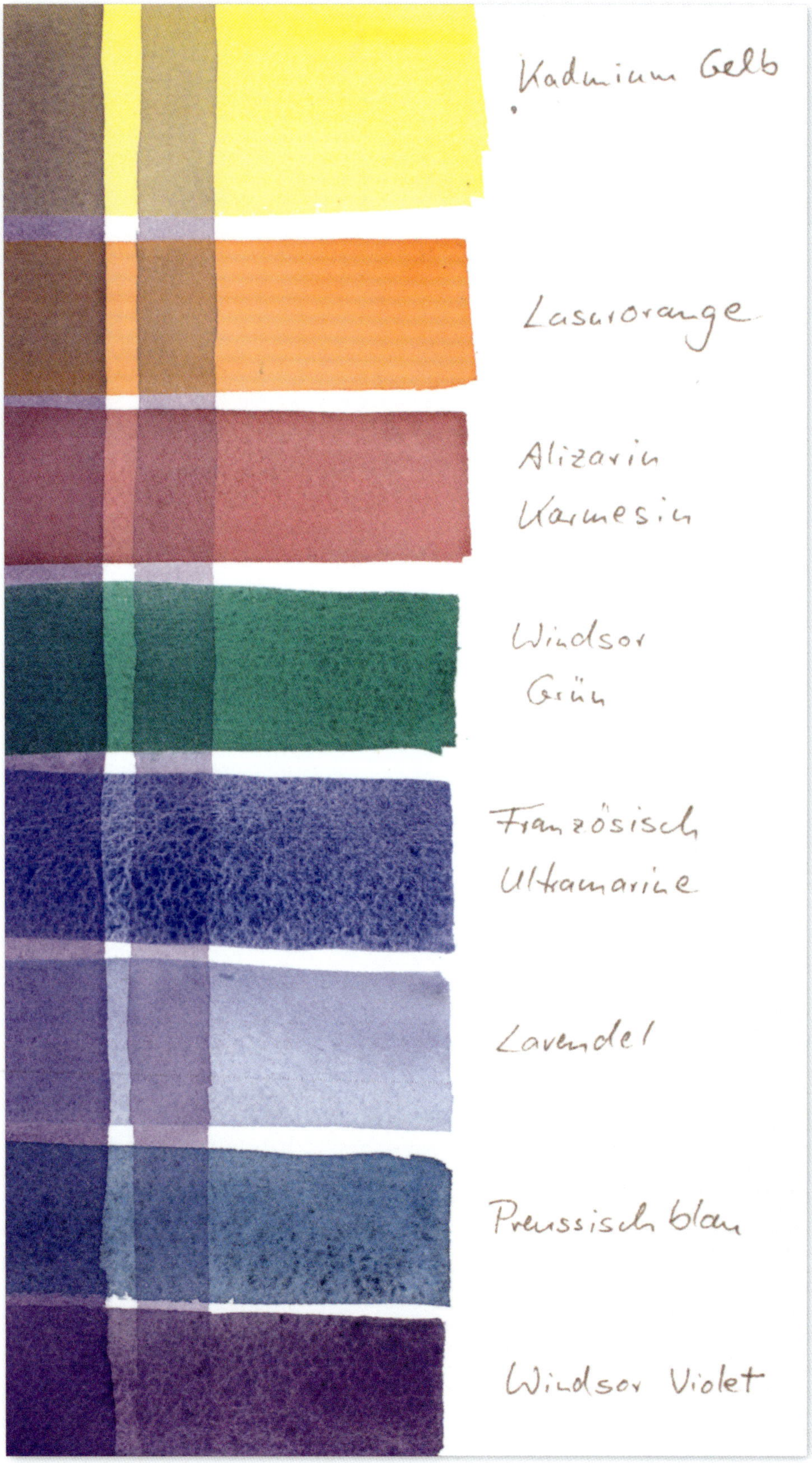

Schatten auf farbigem Untergrund

Nicht immer sind die Flächen, auf denen Schatten liegen, weiß. Häuser, Wege, Objekte und Bodenflächen haben die unterschiedlichsten Farben. Ist die unterliegende Fläche heller, erscheint auch der Schatten heller. Dein Schatten im Bild sollte also überall annähernd den gleichen Tonwert aufweisen, um harmonisch zu wirken. Die Unterschiede in Hell und Dunkel ergeben sich von allein durch die unter dem transparenten Schatten liegende Farbe.

Die Vorstellung von göttlicher Inspiration und einem Aha-Erlebnis ist weitgehend ein Hirngespinst. Alles, was von Wert ist, entsteht durch harte Arbeit und unerschütterliche Hingabe.

Sydney Pink

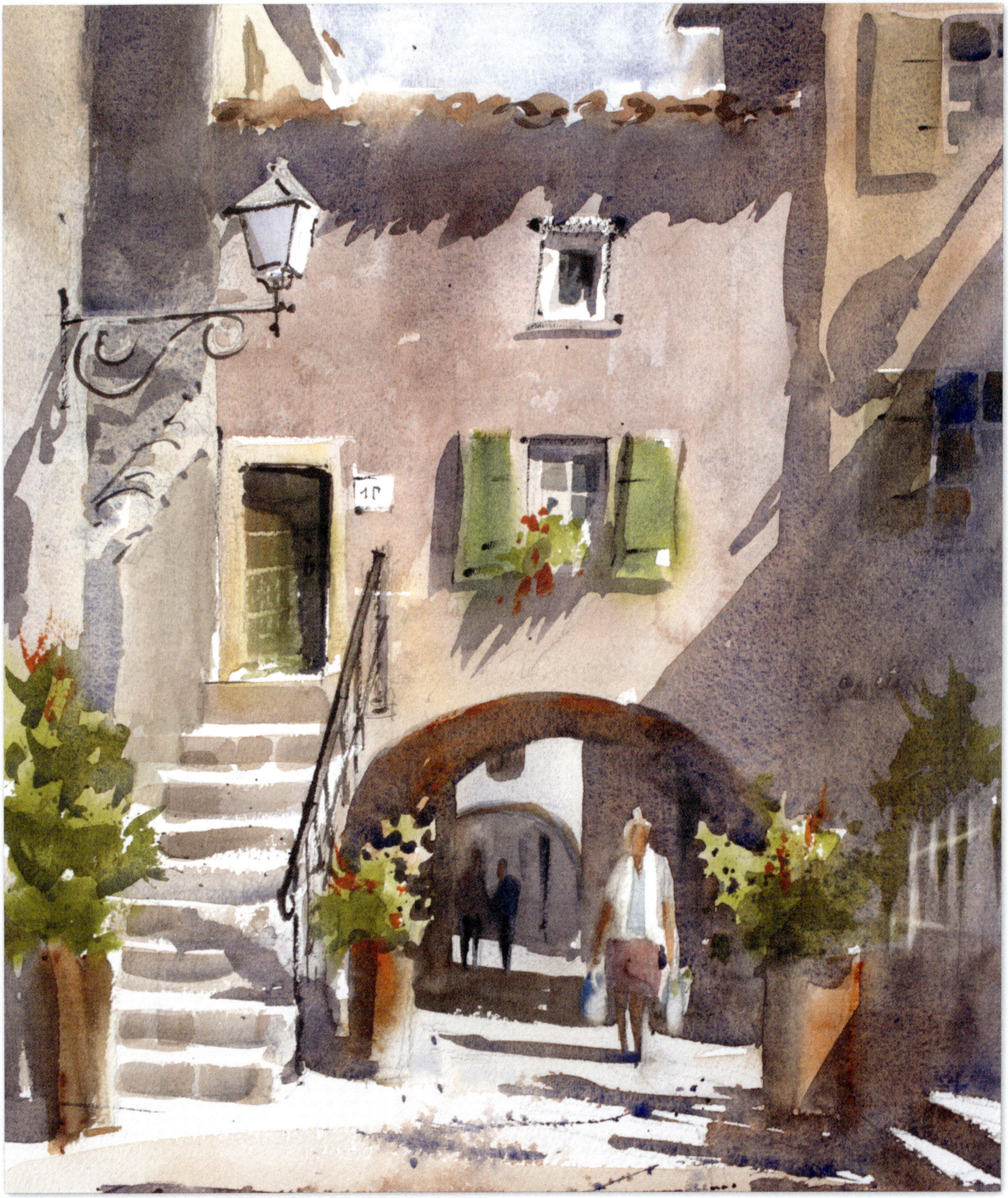

Seitlicher Lichteinfall

Ein Nachmittag im Limousin

Du brauchst:

Aquarellpapier
- Arches Feinkorn, 300 g/m²

Aquarellfarben in
- Kadmiumgelb
- Siena gebrannt
- Chinacridongold
- Alizarin-Karmesin
- Französisch Ultramarin
- Coelinblau

Malspachtel

Sprühflasche mit Wasser

Pinsel s. S. 7

Ein schöner Sommernachmittag in Frankreich. Die Sonne steht genau richtig für eine interessante Bildkomposition, bei der man kaum etwas verändern muss. Nehmen Himmel und Vordergrund die gleiche Menge Raum ein, wirkt eine Komposition wenig attraktiv. In der Fotovorlage ist mehr Himmel zu sehen, was jedoch weniger Raum lässt für das Spiel mit Licht und Schatten im Vordergrund. In der Tonwertskizze probierte ich es also mit dem Verhältnis ein Drittel Himmel und zwei Drittel Vordergrund.

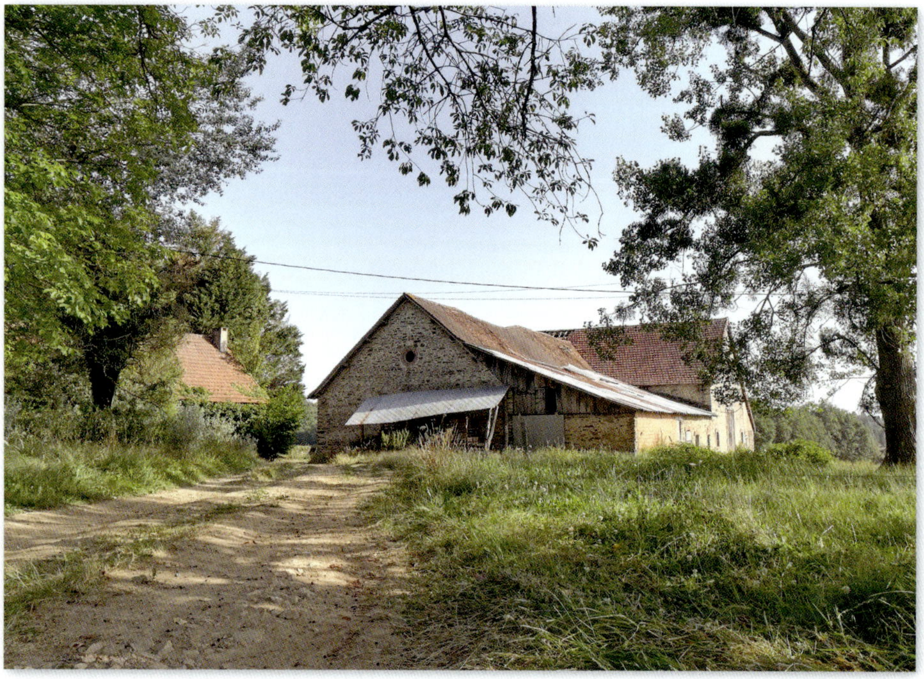

Motiv-Vorlage

Man muss sich immer bewusst sein, über welche Art von Oberfläche die Schatten fallen, und auch im Hinterkopf behalten, was den Schatten wirft, da dies seine Form bestimmt. Scheint das Licht durch das Laub eines Baumes hindurch, so hat auch sein Schatten Lichtlöcher. Geht es um eine solide Scheune, hat diese auch einen soliden Schattenwurf. Auch spielt die Bodenstruktur eine große Rolle, auf der sich die Schatten ganz unterschiedlich abzeichnen.

Der Ursprung aller Kunst, der Ursprung aller Kreativität ist Liebe.

David Hockney

Tonwertskizze
Überlege dir in der Tonwertskizze gut, ob du mehr Vordergrund oder – wie auf dem Foto – mehr Hintergrund möchtest. Beides ist möglich. Es ist wichtig, dir vorher bewusst zu machen, welche Form deine Schatten haben und wie sie über Weg und Wiese fallen. Im hohen Gras sind sie sehr aufgebrochen und es sind keine klaren Linien zu erkennen. Auf dem Weg hingegen sind die Schatten scharfkantig und klarer wahrzunehmen. Gut durchdacht ist schon halb gemalt!

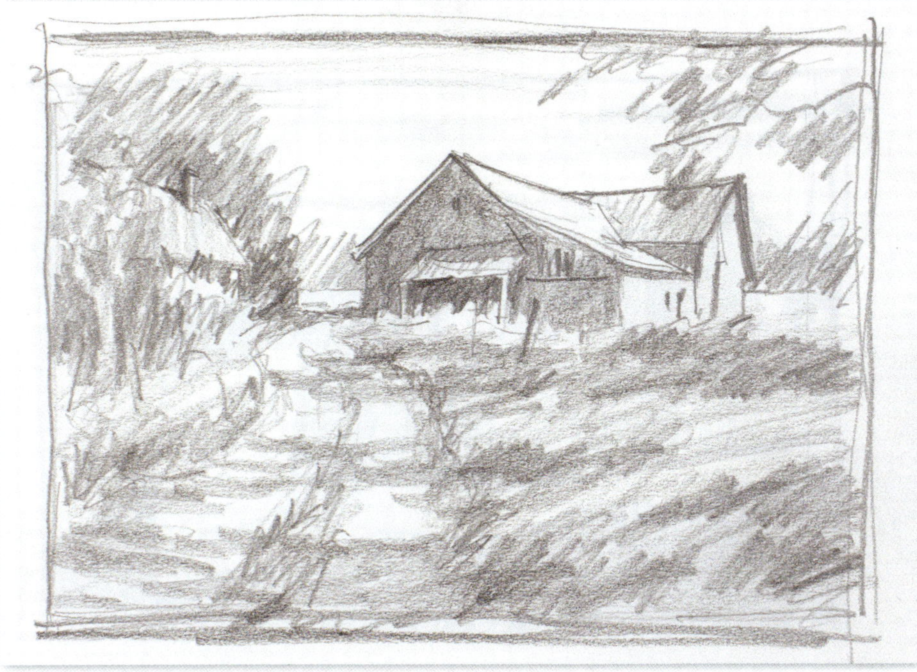

1. Schritt
Lege den Himmel mit etwas Französisch Ultramarin an und lasse weiße Wolken stehen. Die Farbe darf auch in die Scheune laufen.

Siena gebrannt und Coelinblau für das Wellblechdach anlegen. Diese beiden Farben auch für den Weg benutzen.

Sogleich die Wiesenfläche anfeuchten und locker Kadmiumgelb und Ultramarin auf dem Papier ineinanderlaufen lassen. Ein weicher Übergang zum Weg ist wünschenswert, muss aber nicht überall passieren. Abwechslung schafft Spannung im Bild. Trocknen lassen.

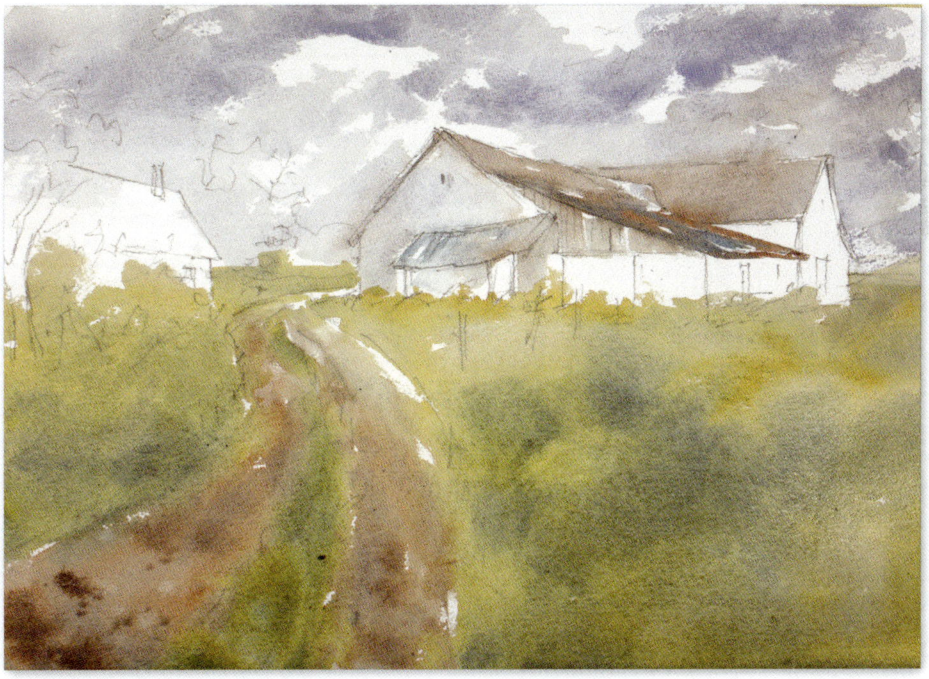

2. Schritt
Die Scheune darf dunkler werden und Details wie Fenster, Türen und die Bretterwand erhalten. Dabei das Wellblechdach vorn aussparen. Das Dach links mit Siena gebrannt andeuten.

Für das Grün Chinacridongold und Französisch Ultramarin mischen, für die Hintergrundbäume blauer und zarter, für die Büsche vorn kräftiger und wärmer, also mit mehr Gelbanteil. Der Stamm des Baumes links darf dabei heller stehen bleiben und sich so optisch von den Büschen abhebt.

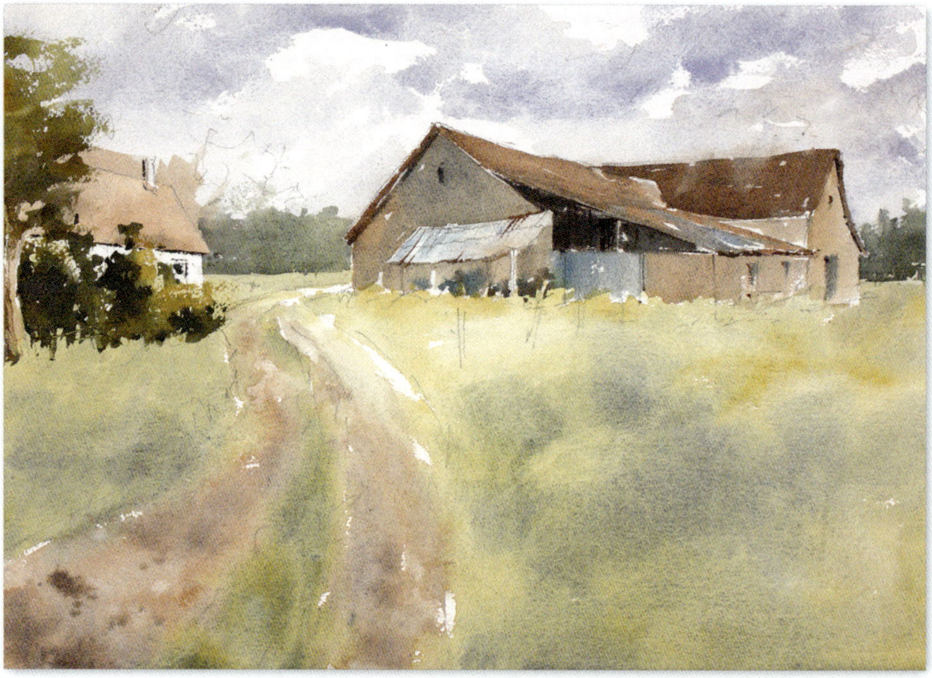

3. Schritt
Mit der gleichen Grünmischung geht es weiter für den Baum hinter dem Haus links. Das Grün darf kräftig sein, um das Dach leuchten zu lassen.

Den rechten Baum sehen wir nicht, nur seine Äste, die ins Bild hineinhängen. Hier darf gerne ein Ast über die Scheune hängen, das schafft mehr Tiefe im Bild. Mit dem Schlepper ein paar Äste malen und einige Gräser im Vordergrund und am Weg andeuten. Zaunpfosten beleben die Szene zusätzlich.

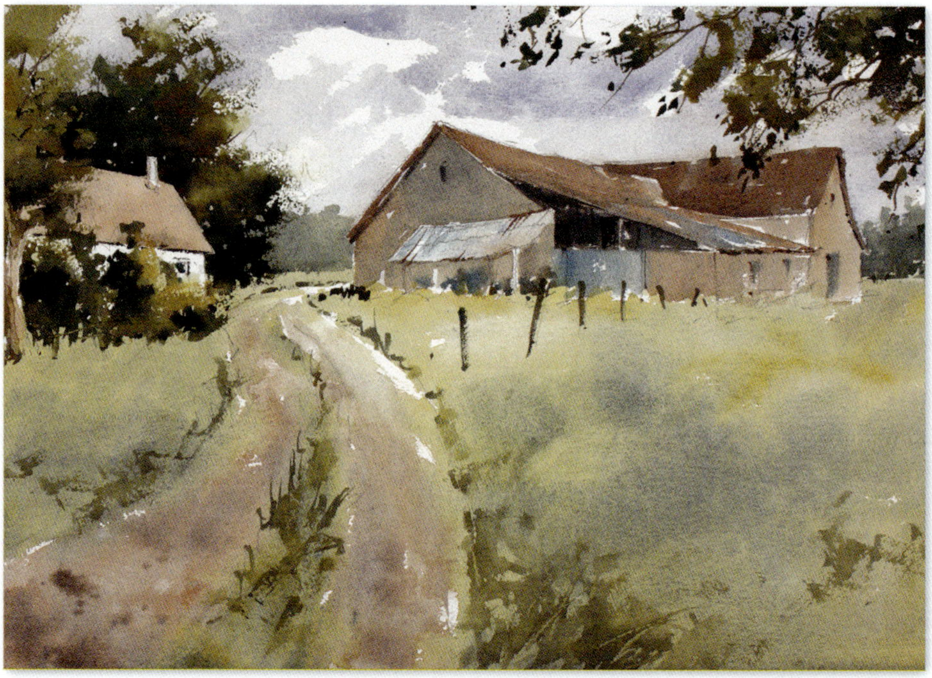

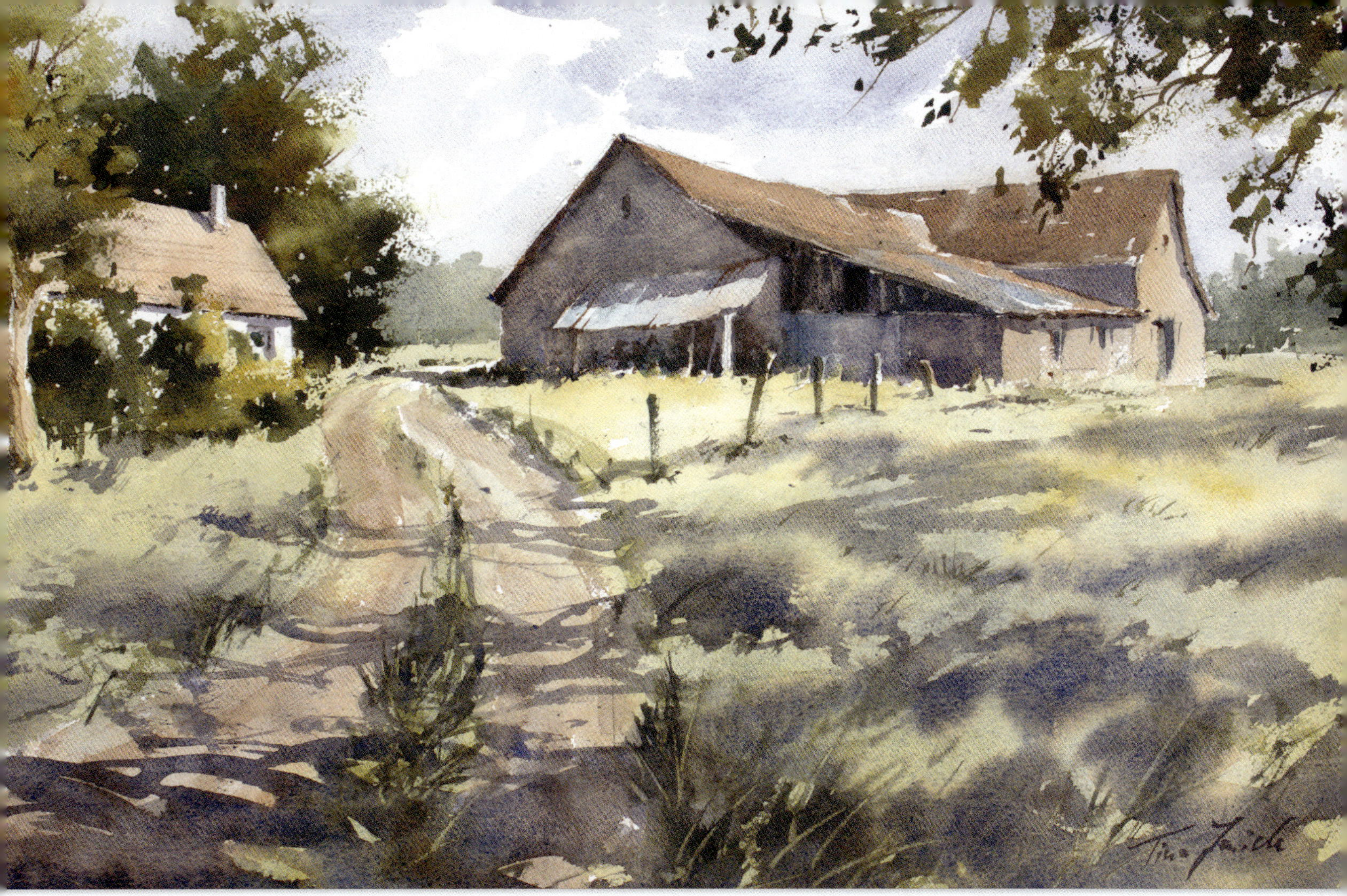

Fertiges Bild

Der letzte Schritt erfordert etwas Mut und genug Schattenfarbe auf deiner Palette. Bist du dir noch unsicher, versuche erst einmal, als Vorübung den Schatten auf deine Bleistiftskizze zu legen. Fülle deinen Pinsel gut mit Farbe und male den Schatten im Vordergrund, vorn breiter, hinten schmäler.

Denke daran, Lichtflecken stehenzulassen. Die Schattenflecken auf der Wiese mit der Sprühflasche anlösen oder auch mit etwas klarem Wasser verwischen. Auf dem Weg dürfen die Schatten scharfkantig bleiben. Mit dem Spachtel einige Gräser in die noch leicht feuchte Farbe kratzen.

Die linke Seite der Scheune ist komplett im Schatten, nur das Wellblech und der Stützpfosten bekommen die Sonnenstrahlen ab. Die große Scheune wirft nur einen ganz schmalen Schatten über den Weg nach links. Unter die Dachkanten sowie an den kleinen Schornstein links oben kleine Schatten setzen.

Besuch in Brioude

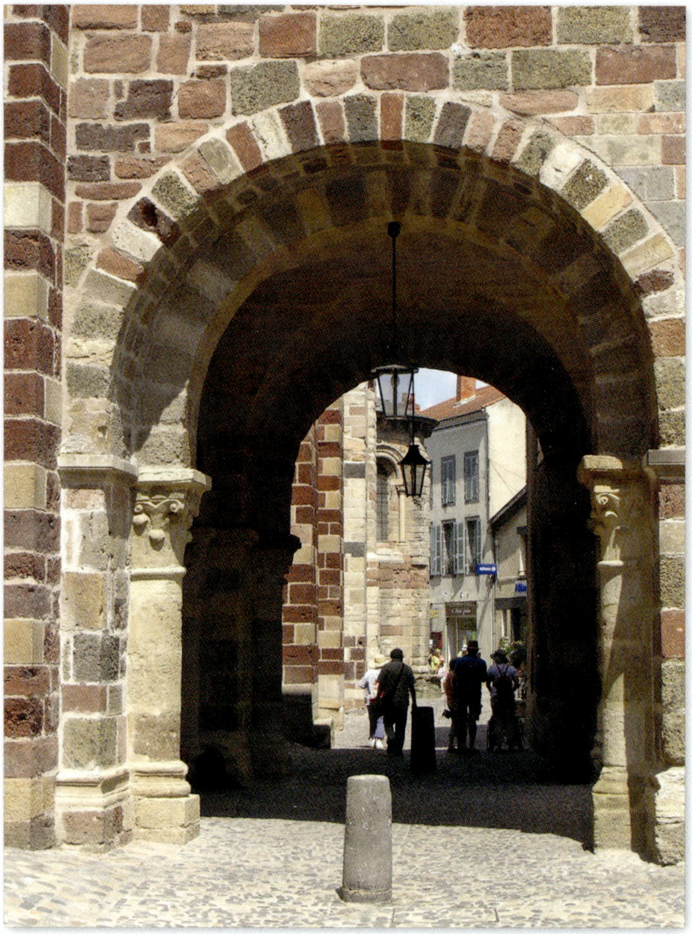

Du brauchst:

Aquarellpapier
- Arches Feinkorn, 300 g/m²

Aquarellfarben in
- Siena natur
- Siena gebrannt
- Französisch Ultramarin
- Coelinblau
- Alizarin-Karmesin

Malspachtel

Sprühflasche mit Wasser

Pinsel s. S. 7

In Brioude findet alle zwei Jahre ein großer, internationaler Aquarellsalon statt. Nicht nur sind die Ausstellungen sehenswert, auch die schöne Altstadt hat viel zu bieten. Die dunklen Figuren im schattigen Torbogen haben mich inspiriert, das Foto zu machen.

Motiv-Vorlage
Hat man einen großen, zusammenhängenden Schatten wie hier im Bild, tut man gut daran, ihn an unterschiedlichen Stellen aufzubrechen. Die Figuren hinten rechts stehen ideal, um die Dunkelheit in die Helligkeit ragen zu lassen und sollten den Weg unbedingt ins Bild finden. Der Boller im Vordergrund unterbricht ebenfalls die Schattenform, ist aber so alleinstehend noch nicht die beste Lösung. Daher wurde der Mann mit der Tasche aus der Mitte des Tores in den Vordergrund gerückt und sorgt so für zusätzliches Interesse. Er bildet den Fokuspunkt und trägt den Blick des Betrachters durch das Tor.

Der Schatten im Torbogen verschluckt viele Details, das macht es einfacher, ihn zu malen. Sind Sonnen- und Schattenfläche gleich strukturiert, wirkt die Komposition schnell langweilig.

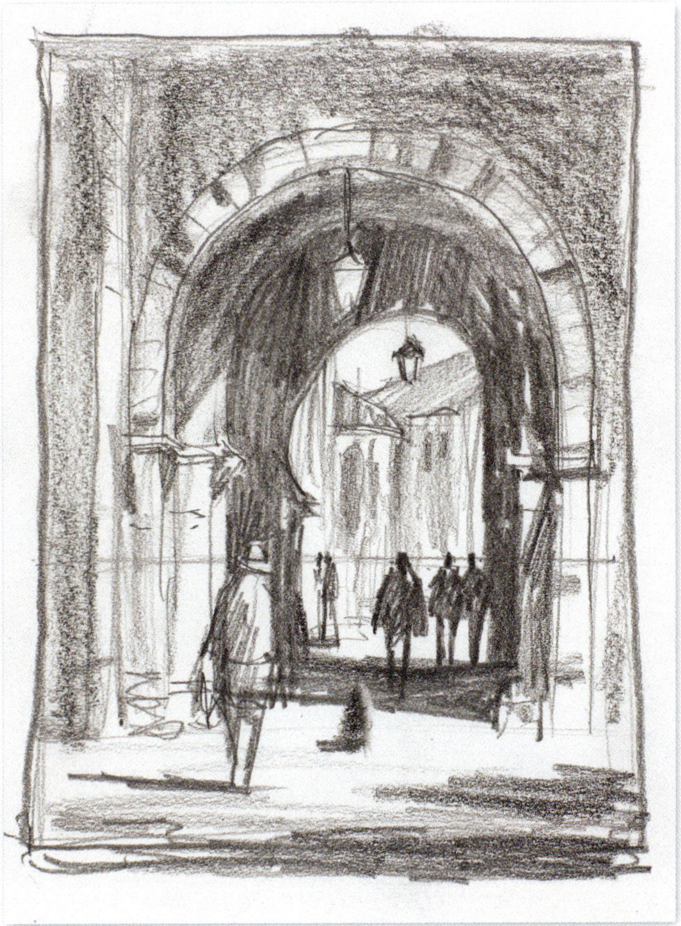

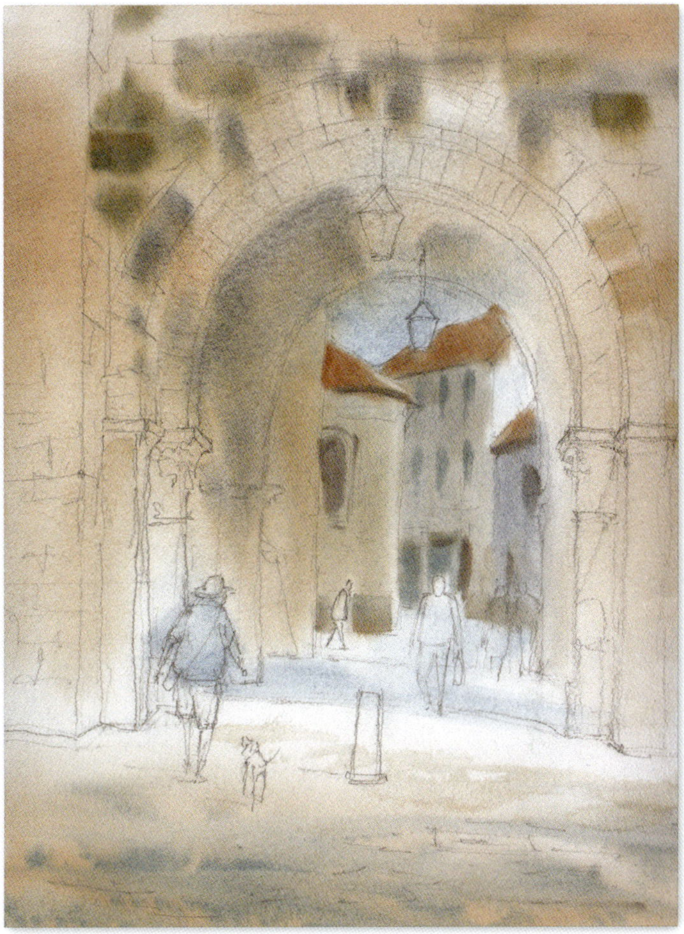

Tonwertskizze

Platziere in deiner Komposition das Tor so, dass links mehr von der Mauer zu sehen ist als rechts. Den dunklen Schatten im Torbogen ebenso einzeichnen, links mit mehr und rechts mit weniger Raum. Sind beide Seiten symmetrisch, wirkt das Bild zu steif und statisch.

Der Mann mit Tasche steht idealerweise zu zwei Dritteln vor der Schattenfläche und zu einem Drittel vor der sonnigen Halbsäule. Eine Lampe in die helle, die andere in die dunkle Fläche hängen. Ein Schatten, z. B. von einem Baum, der rechts außerhalb des Bildausschnitts steht, bricht die sonst leere Fläche im Vordergrund auf.

1. Schritt

Feuchte das komplette Papier gut an. Beginne mit einer Grundierung mit Siena natur und setze dann dunklere Farbstriche für die Mauersteine in die noch feuchte Farbe. Dafür muss sich mehr Farbe und weniger Wasser im Pinsel befinden. Der trockenere Pinsel zieht das Wasser aus dem feuchten Papier heraus.

Das Stückchen Himmel, die Fensterläden und den Herrn im Vordergrund mit etwas Coelinblau malen. Die Hausdächer entstehen mit etwas Siena gebrannt.

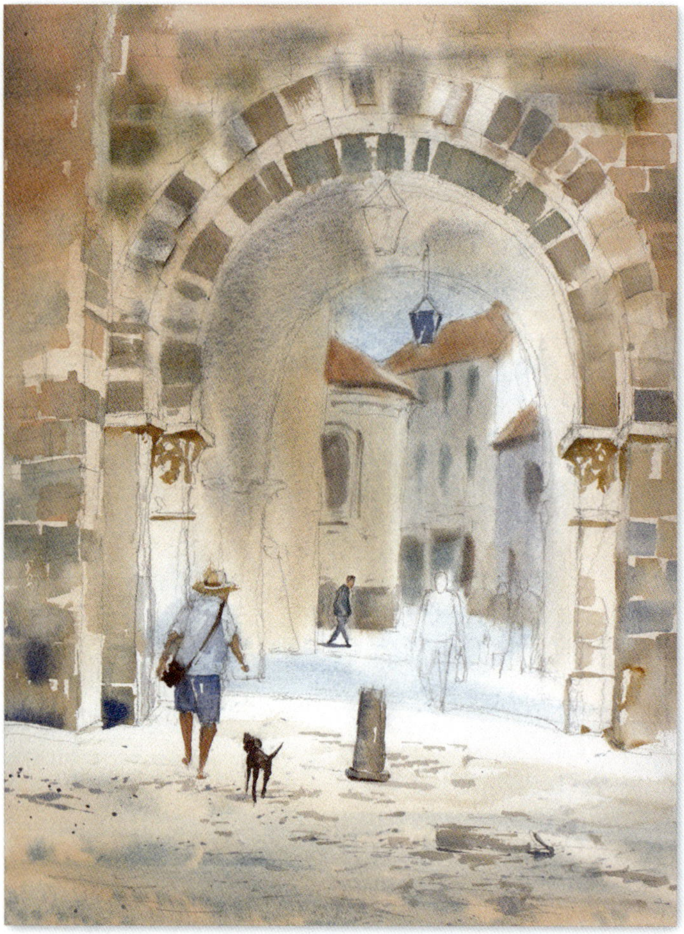

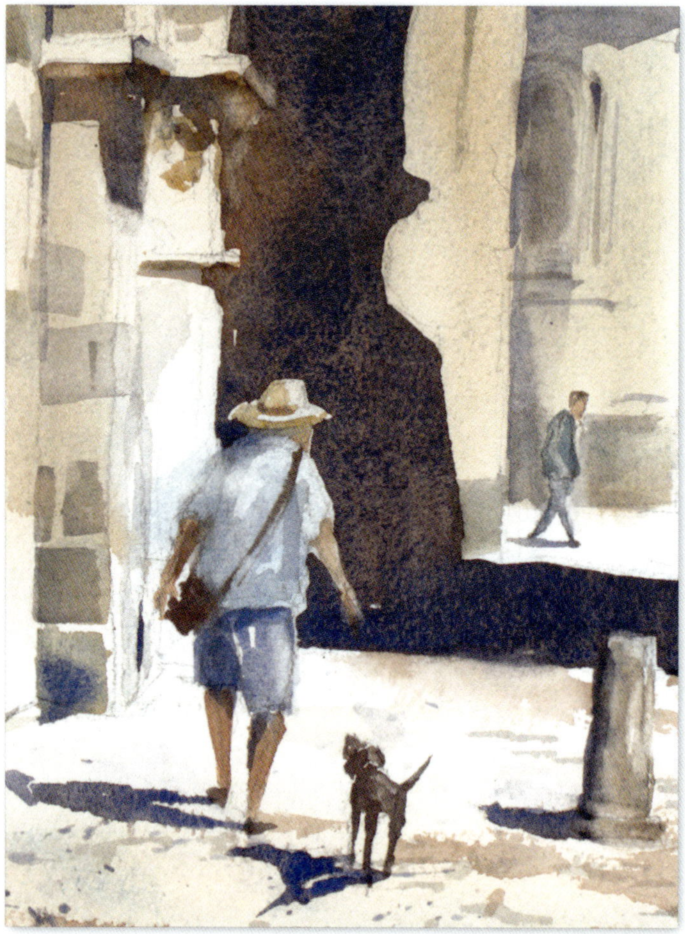

2. Schritt
Deute nun die Steine auf den Vorderseiten der beiden Torbögen an. Die Unterkanten der Bögen bleiben frei. Versuche dabei, jeweils die Farbe, die Abstände, die Tonwerte und die Breite der Steine zu variieren. Die Verzierung an den beiden Säulen mit Siena natur anbringen.

Die entfernte Figur im Hintergrund und den Mann mit Tasche und Hut im Vordergrund malen. Der Hund bringt zusätzlich Leben ins Bild. Hier bist du frei, deine eigenen Figuren zu erfinden und ins Bild zu integrieren.

3. Schritt/Detail
Bereite für den letzten Schritt eine größere Menge Schattenfarbe vor. Die Basis dafür ist Französisch Ultramarin, abgetönt mit Siena gebrannt und etwas Alizarin-Karmesin. Bevor du loslegst, teste deine Schattenfarbe auf einem separaten Stück Papier. Traue deinem eigenen Empfinden, ob sie den richtigen Tonwert hat und eine ansprechende Farbe, die zu deinem Bild passt. Für eine kühlere Schattenfarbe mehr Blau, für eine Mauve-Mischung mehr Karmesin und für eine wärme, braune Variante mehr Siena gebrannt zugeben.

Kreativität kann man nicht aufbrauchen.
Je mehr du benutzt, desto mehr hast du.

Maya Angelou

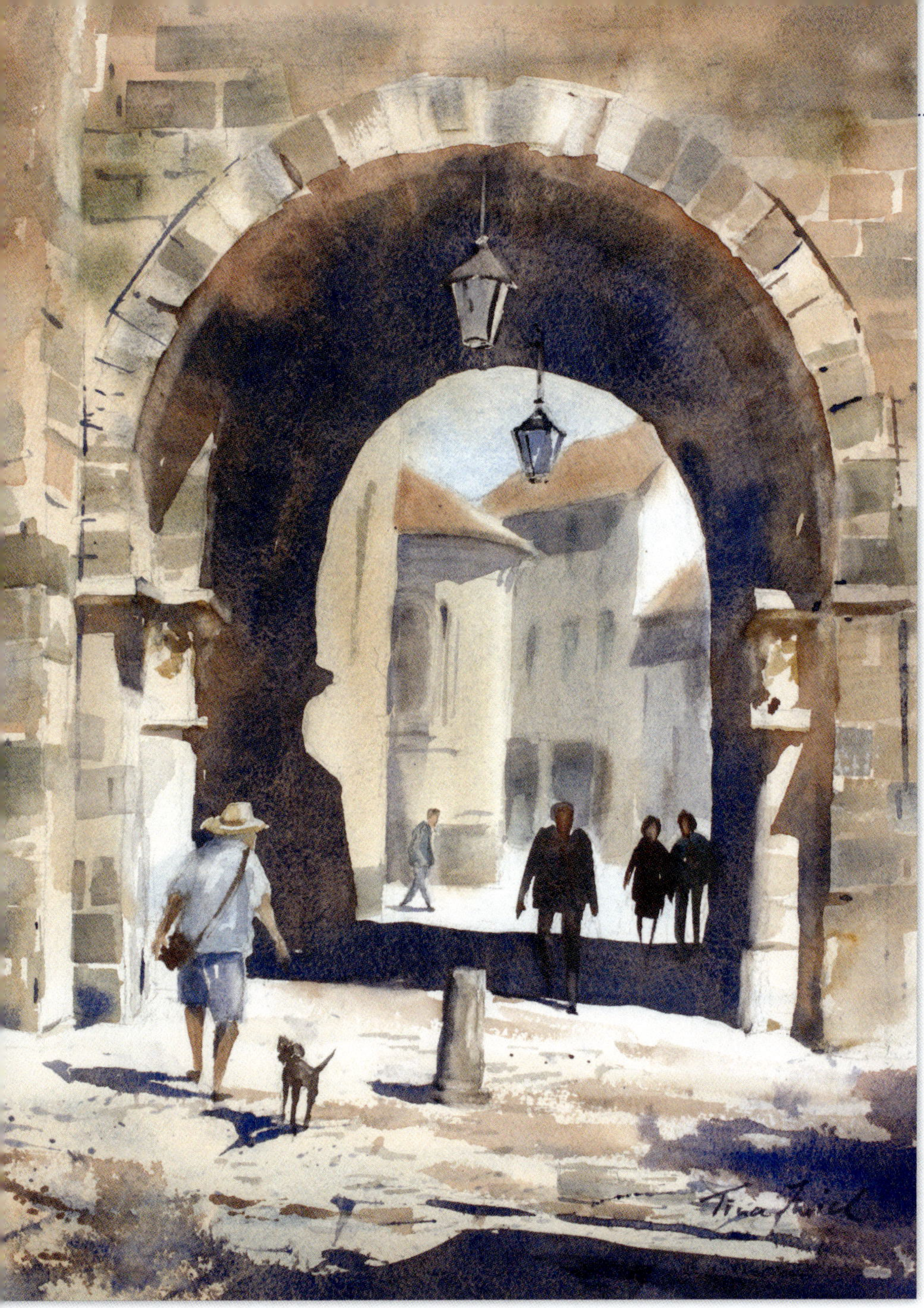

Ist die Farbe im Torbogen rechts unten noch feucht genug, schließe die drei Figuren im Torbogen an. Wenn nicht, warte bis die Farbe ganz getrocknet ist, und füge die Figuren anschließend ein.

Jetzt den Schlagschatten ganz vorn sowie die Schatten des Mannes mit Hut und seines Hundes malen. Kurz mit der Wassersprühflasche ansprühen, um die harten Ränder anzulösen.

Hänge die beiden Laternen im Torbogen auf, deute Pflastersteine im Vordergrund an und ergänze den einen oder anderen Mauerstein. Die Betonung liegt auf Andeuten, also nicht jeden einzelnen Stein naturgetreu malen! Weniger ist oft mehr.

Tipp: Sollte dir der Granuliereffekt nicht so gut gefallen, kannst du statt Französisch Ultramarin auch Ultramarin feinst verwenden. Farblich sind sie fast identisch. Französisch Ultramarin hat schwerere Pigmentteilchen, die sich in den Vertiefungen des Papiers absetzen.

Fertiges Bild
Male den Schatten zügig und mit genug Wasser im Pinsel für einen fließenden Übergang. Beginne oben am Torbogen mit etwas mehr Siena gebrannt und lasse die Schattenfarbe nach links unten hin kühler werden. Wenn du zu den Säulen kommst, achte auf die kleineren, differenzierten Schattenformen. Male um den Mann mit Hut herum, führe die Farbe über die Bodenfläche zur rechten Seite des Torbogens und ziehe die Farbe wieder nach oben.

Elefterna, Kreta

Du brauchst:

Aquarellpapier
- Arches Feinkorn, 300 g/m²

Aquarellfarben in
- Siena gebrannt
- Caput Mortuum
- Grünoliv
- Preußischblau
- Coelinblau
- Kobalttürkis

Malspachtel

Sprühflasche mit Wasser

Cuttermesser

Pinsel s. S. 7

Im Herbst steht die Sonne bereits am frühen Nachmittag recht tief. Die Farben und Tonwerte wirken dann intensiver und die Schatten sind länger. Da müssen die Gebäude gar nicht sehr hoch sein, um lange Schatten zu werfen. Oftmals steht das Objekt, das einen Schlagschatten wirft, außerhalb des Bildes, wie in diesem Fall. Das gibt dir eine gewisse Freiheit, die Schattenlänge zu variieren, denn niemand weiß ja, wie hoch das Gebäude wirklich ist.

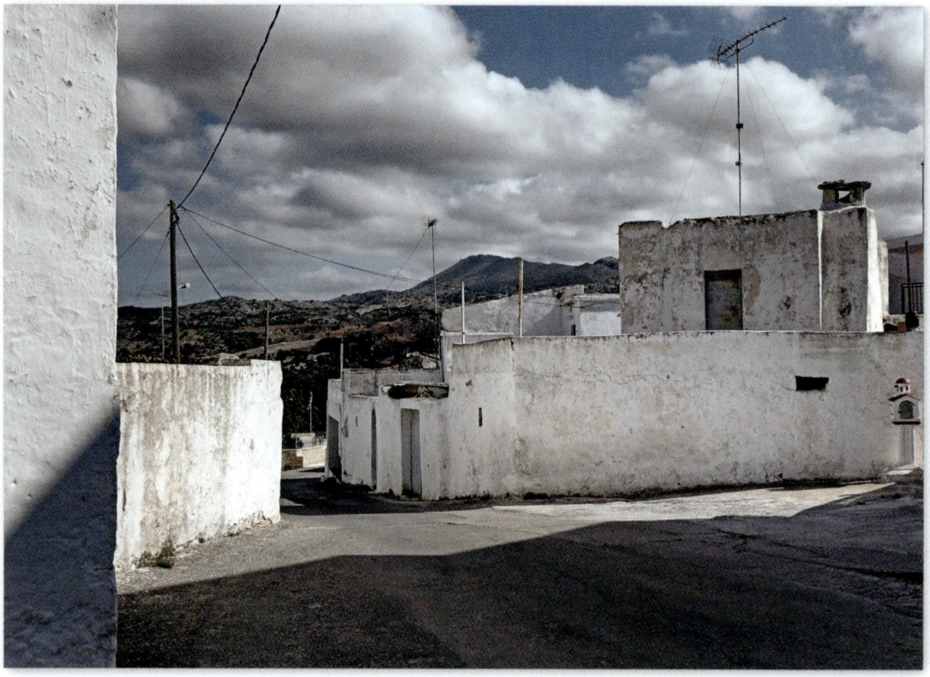

Motiv-Vorlage
Schattenflächen von Objekten außerhalb des Bildes kann man gut einsetzen, wenn es darum geht, eine eintönige Vordergrundfläche zu beleben und das Licht mehr in Richtung Fokuspunkt zu verlagern. Eine Dunkelheit unten im Bild hilft zudem, den Blick des Betrachters ins Bildinnere zu lenken. Vermeide es, einen Vordergrundschatten zu spannend in Szene zu setzen, denn er könnte sonst vom Fokuspunkt ablenken.

Tipp: Große, lange Schatten im Vordergrund sollten nie direkt in eine Ecke des Bildes auslaufen.

Tonwertskizze
Wie immer empfehle ich eine kleine Tonwertskizze, um sich die Licht- und Schattenverhältnisse bewusst zu machen. Die Sonne fällt von leicht hinten rechts ins Bild, sodass die Gebäude auf der rechten Seite größtenteils im Schatten liegen. Versuche, Verbindungen für das Licht zu schaffen, indem du die sonnigen Flächen durch Lichtkanten auf den Gebäuden stehenlässt. Der Schatten links in der Ecke sollte auf keinen Fall in die Ecke des Bildes auslaufen. Das wäre für die Komposition ungünstig.

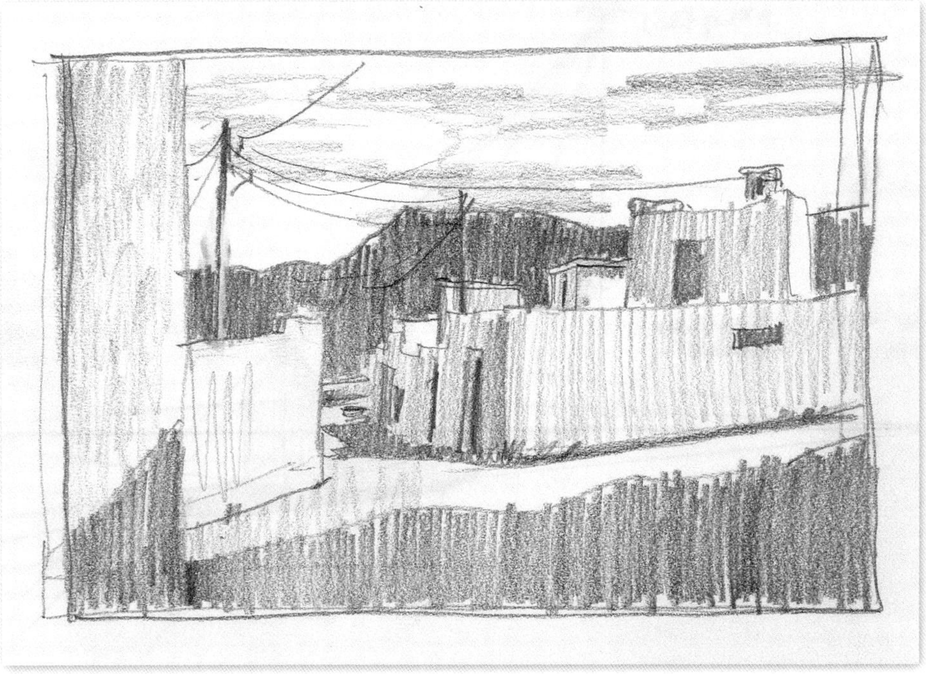

1. Schritt
Male den Himmel mit Preußischblau und spare dabei einige Wolkenformationen weiß aus. Für die Schattierung unter den Wolken etwas Caput Mortuum unter das Blau mischen. Eventuelle scharfe Kanten hier und da mit klarem Wasser anlösen. Es ist völlig in Ordnung, wenn du über den Berg malst, da er später dunkler wird, aber die große Wand links und das höhere Gebäude rechts sollten ausgespart werden. Der Einfachheit halber könntest du hier Maskierflüssigkeit einsetzen.

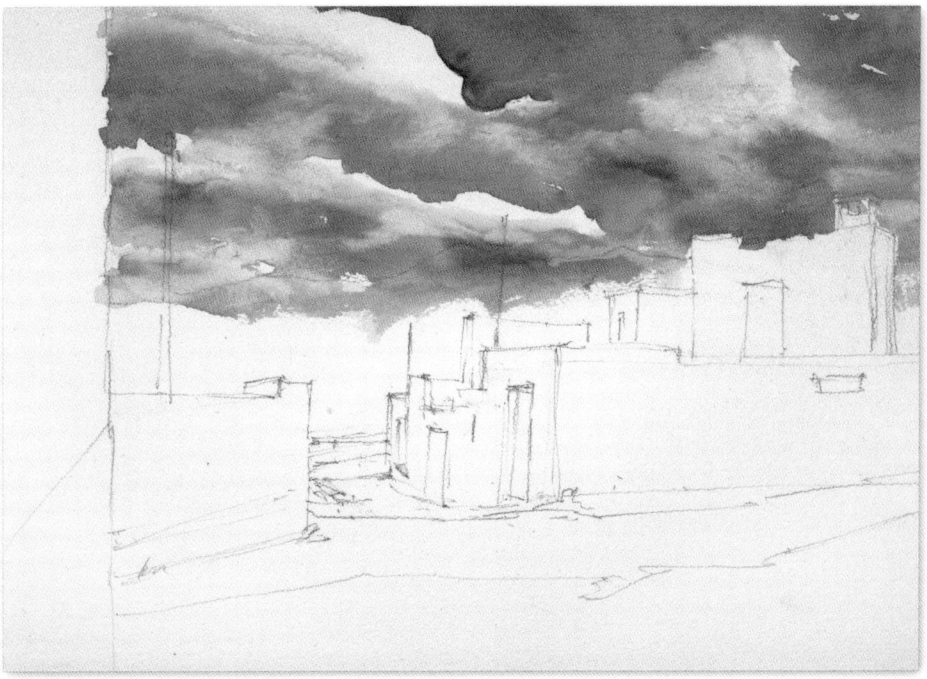

2. Schritt
Die Farbe der Straße ist eine Variation der beiden Himmelfarben, also Preußischblau und Caput Mortuum. An den etwas fleckigen Hauswänden kommt noch Siena gebrannt hinzu. Besonders auf der hellen Seite links sollte noch weißes Papier als weißer Putz stehen bleiben, sonst verliert sich das Licht. Das weiße Papier ist das hellste Licht, das dir zur Verfügung steht. Zugemalt ist es meist viel zu schnell.

Die Türen und Fenster in Kobalttürkis und Preußischblau malen.

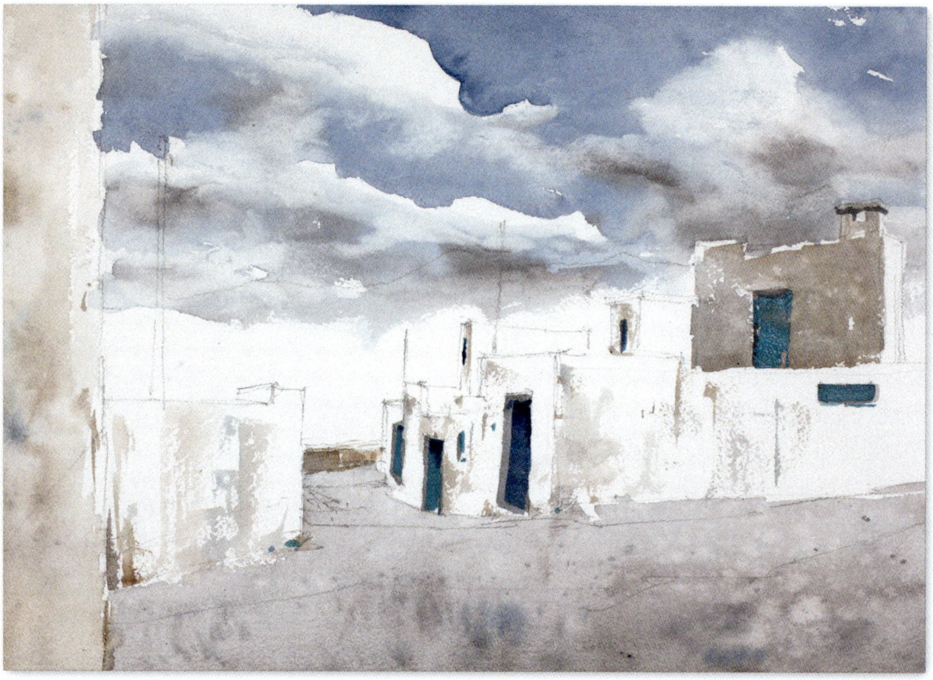

3. Schritt
Der Berg im Hintergrund sollte nun so dunkel sein, dass sich die weißen Häuser gut abheben können. Und er sollte dunkler sein als die folgenden Schatten. Mische eine Grundfarbe aus Preußischblau und Caput Mortuum und lasse dann pastoses Grünoliv in die noch feuchte Farbe laufen. Ist der Berg noch leicht feucht, kannst du die Strommasten mit dem Spachtel nach oben ziehen. Hier und da unten an den Mauern ein paar unregelmäßige Grasbüschel wachsen lassen.

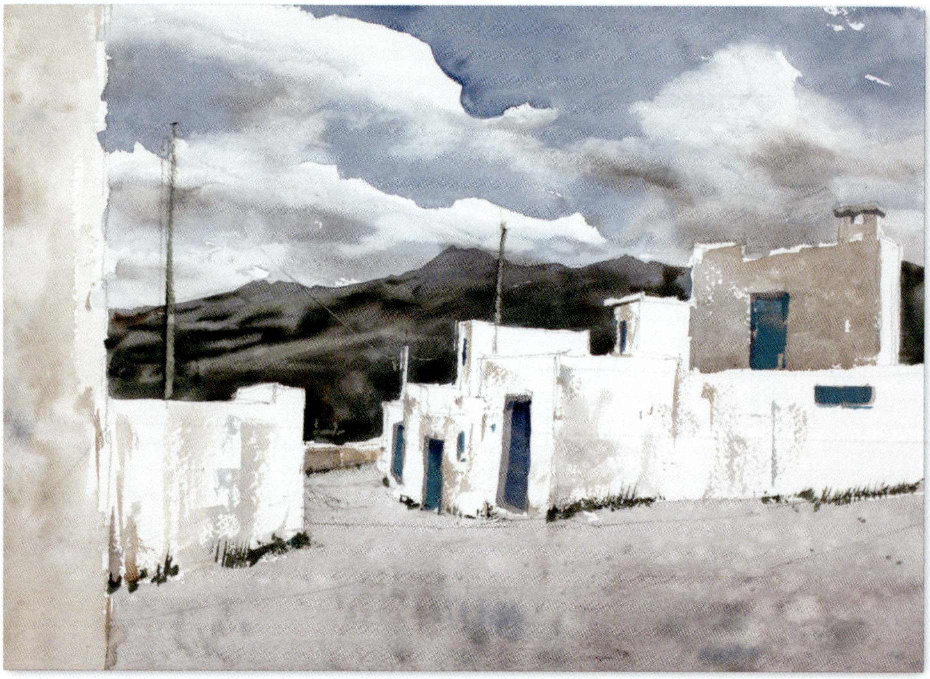

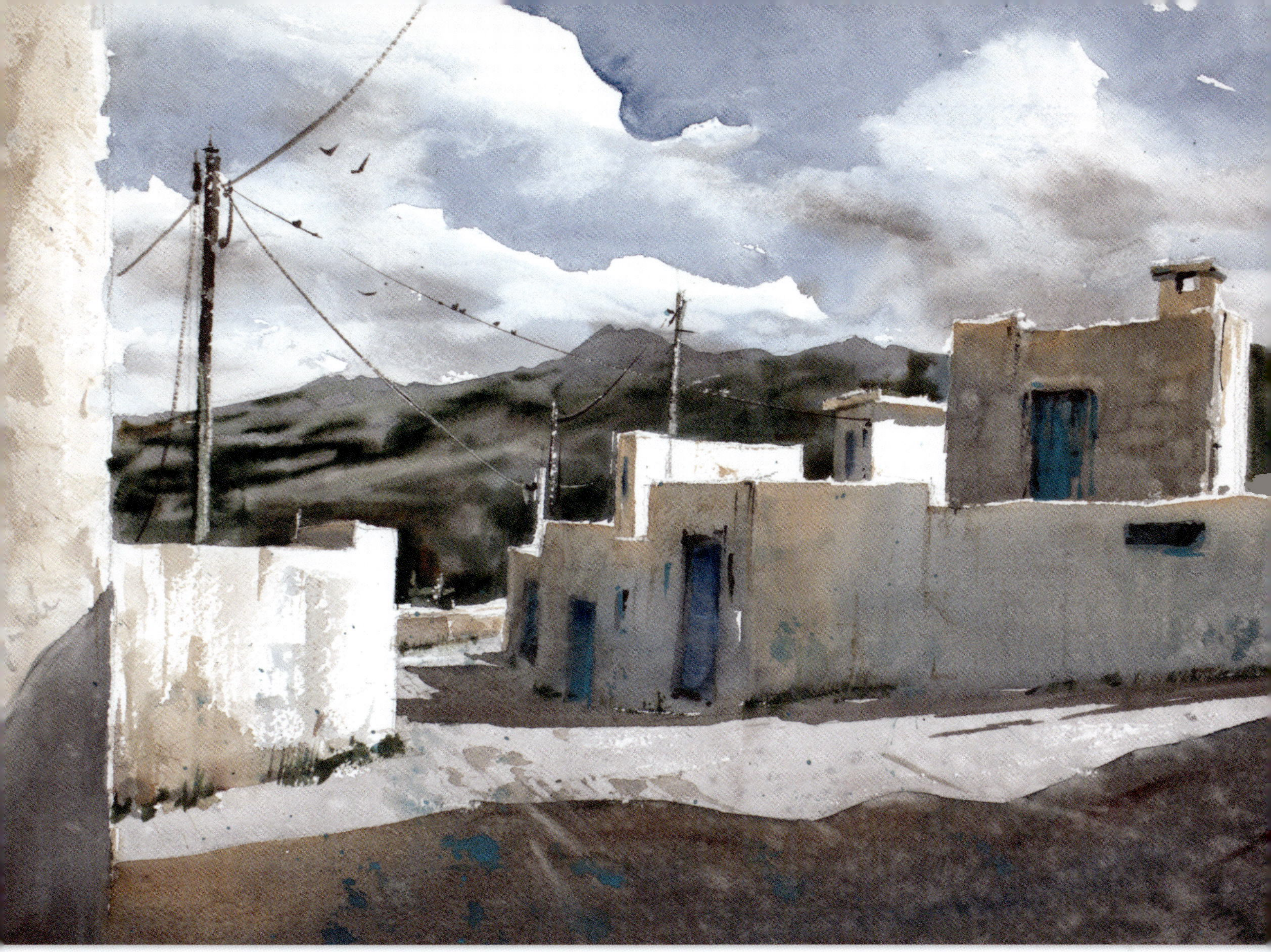

Fertiges Bild

Mische für die Grundschattenfarbe eine größere Menge Preußischblau und Caput Mortuum auf deiner Palette an. Wähle einen Pinsel aus, der groß genug ist, um die Schattenfläche relativ schnell abzudecken, und fülle ihn mit Farbe. Ist der Pinsel zu klein und zu trocken, entstehen schnell Flecken oder Streifen. Rühre eine zweite Pfütze Farbe mit Siena gebrannt an und fülle damit einen weiteren Pinsel. Am besten beginnst du an den Oberkanten der Mauern mit Siena gebrannt und schließt dann sofort mit dem anderen Pinsel die bläuliche Schattenfarbe an, damit ein weicher Farbverlauf entsteht.

Verfahre mit dem Schatten im Vordergrund ähnlich, hier jedoch mit einem Verlauf von rechts kühler nach links wärmer. Der Schatten auf der Gebäudeecke ganz links wird wieder etwas kühler.

Für etwas Struktur kurz mit der Sprühflasche in die noch feuchte Farbe sprühen oder mit dem Pinsel spritzen. Zum Schluss die Stromleitungen aufhängen und ein paar Vögel daraufsetzen.

Sonniger Tag in Kalifornien

Du brauchst:

Aquarellpapier
- Arches Feinkorn, 300 g/m^2

Aquarellfarben in
- Siena natur
- Siena gebrannt
- Preußischblau
- Coelinblau
- Alizarin-Karmesin
- Kobalttürkis

Maskierstift

Pinsel s. S. 7

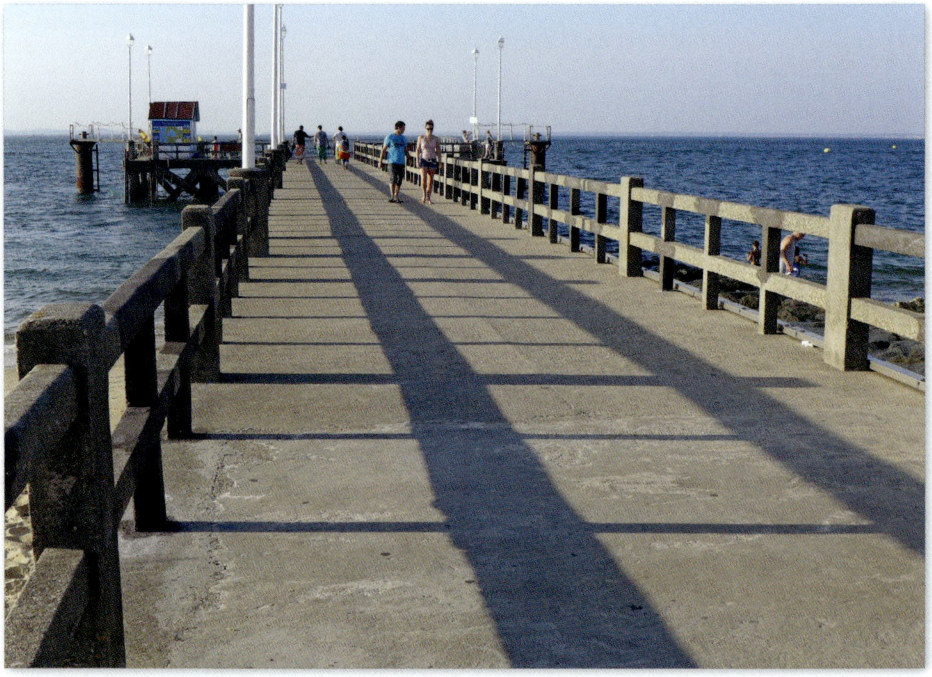

Dieses Motiv ist ein schönes Beispiel dafür, wie alle Schatten der Perspektive unterliegen. Perspektive ist nicht schwer. Sie folgt strikten Regeln und wiederholt sich immer. Mit ein wenig Übung hat man sie schnell im Griff. Das kann man mit dem Lernen von Vokabeln vergleichen. Hat man die Wörter erst einmal im Kopf, kann man frei sprechen, ohne nachzudenken. Genauso verhält es sich mit der Perspektive.

Motiv-Vorlage

Wenn ich Motive fotografiere, versuche ich, bereits mit der Kamera die Bildkomposition zu gestalten. Alle Linien der Seebrücke laufen zu einem Fluchtpunkt am Horizont. Dieser befindet sich nahe bei dem kleinen Häuschen und entspricht in etwa dem Goldenen Schnitt. Damit die Schatten auf dem Steg viel Raum haben, liegt der Horizont weit oben im Bild.

Die Menschen geben der diagonalen Dominanz der Komposition einen vertikalen Kontrast. Wenn du gerne Figuren malst, bringe hier deine eigenen Charaktere ins Spiel.

Tonwertskizze
Die Sonne steht relativ tief, und so fallen die Schatten weit auf den Steg (rote Linien: Lichtwinkel, grüne Linien: Lichtrichtung). Der Fluchtpunkt befindet sich auf Augenhöhe der Spaziergänger auf dem Horizont oberhalb des Geländers. Die Abstände zwischen den Pfosten des Geländers werden nach hinten hin kleiner. Ebenso verhalten sich die Abstände zwischen ihren Schatten. Mit zunehmender Entfernung werden die Schatten selbst auch schmaler. Die Plattform am Ende der Seebrücke verläuft parallel zum Horizont.

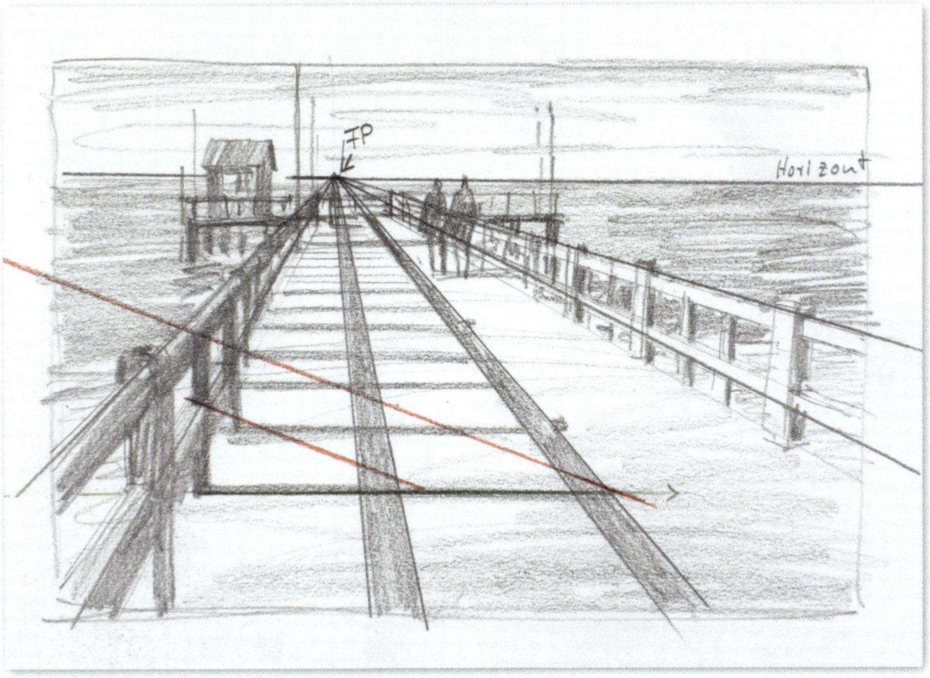

1. Schritt
Decke alle hellen Stellen mit dem Maskierstift ab: die Oberkanten der Geländer, die Lampenpfosten, die Seite des rechten Geländers, die Figuren, ein paar Akzente auf der Hütte links und eventuell ein paar Schaumkronen auf den Wellen. Ohne Maskierflüssigkeit wäre es hier schwierig, die vielen sonnigen Stellen auszusparen. Alternativ könnte man die Lichtstellen am Ende mit Titanweiß ergänzen. Die Maskierflüssigkeit muss komplett getrocknet sein, bevor du mit Farbe beginnst.

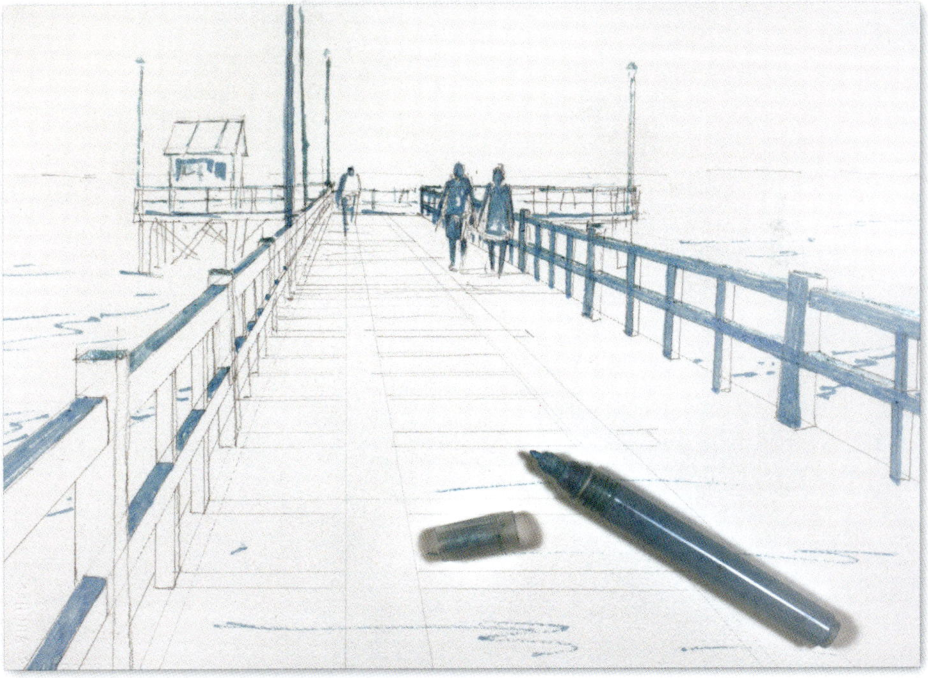

2. Schritt

Bereite die nötigen Farben auf deiner Palette vor, bevor du das Papier komplett anfeuchtest. Dein Blatt sollte bei der ersten Lasur gleichmäßig feucht sein, dann trocknet es auch ohne Wasserränder.

Beginne oben links mit Siena natur und stufe es nach rechts mit Coelinblau und Preußischblau ab. Für das Wasser das Blau pastoser anmischen. Den Strand mit Siena natur und die Seebrücke zusätzlich mit Siena gebrannt grundieren.

Für etwas Struktur kurz die Sprühflasche einsetzen, dabei den Himmel abdecken.

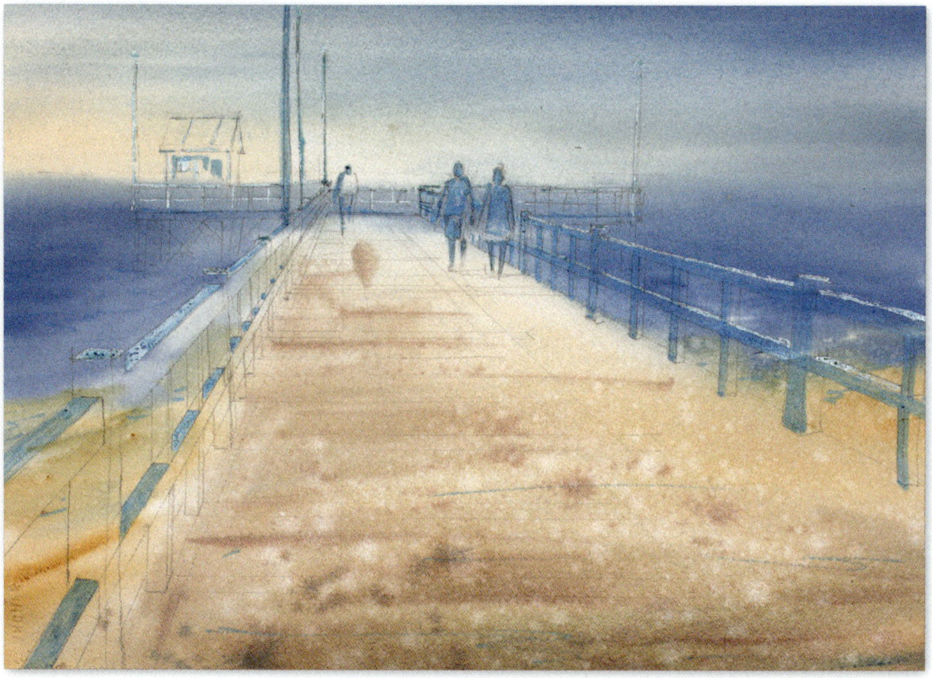

3. Schritt

Male mit Preußischblau das Meer und lasse von der Grundierung hier und da etwas durchblitzen, um die Illusion kleiner Wellen zu schaffen. Füge die Hütte in Coelinblau ein und male das Dach mit Siena gebrannt. Die Geländer und die dicken Stützpfosten der Plattform mit einer kräftigen Mischung aus Preußischblau, Karmesin und Siena gebrannt anlegen. Nur wenig Holzstruktur auf dem Steg andeuten, sonst wird die Fläche mit dem Schatten später zu unruhig.

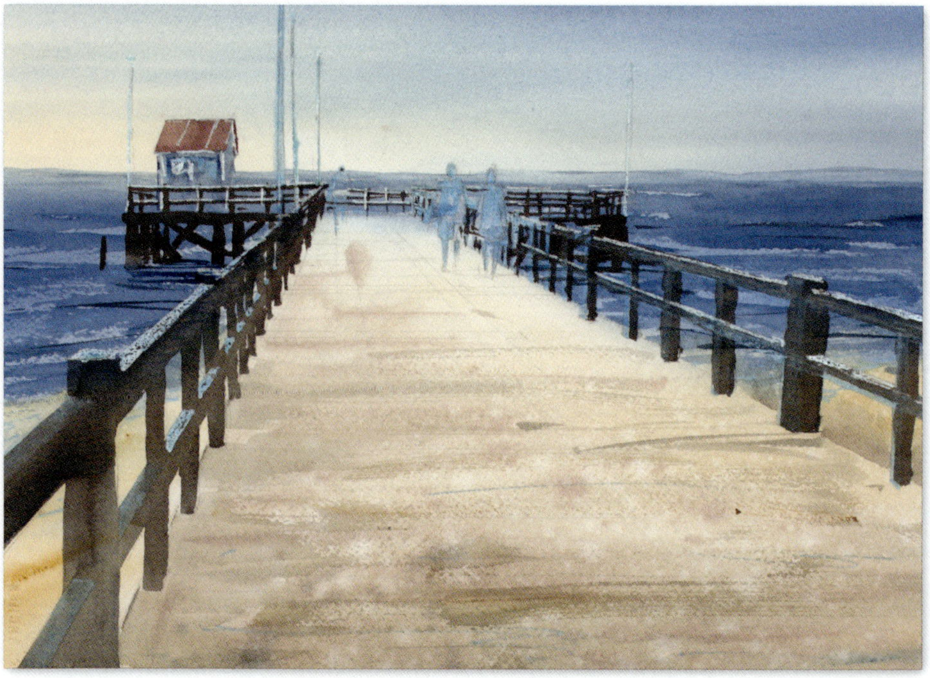

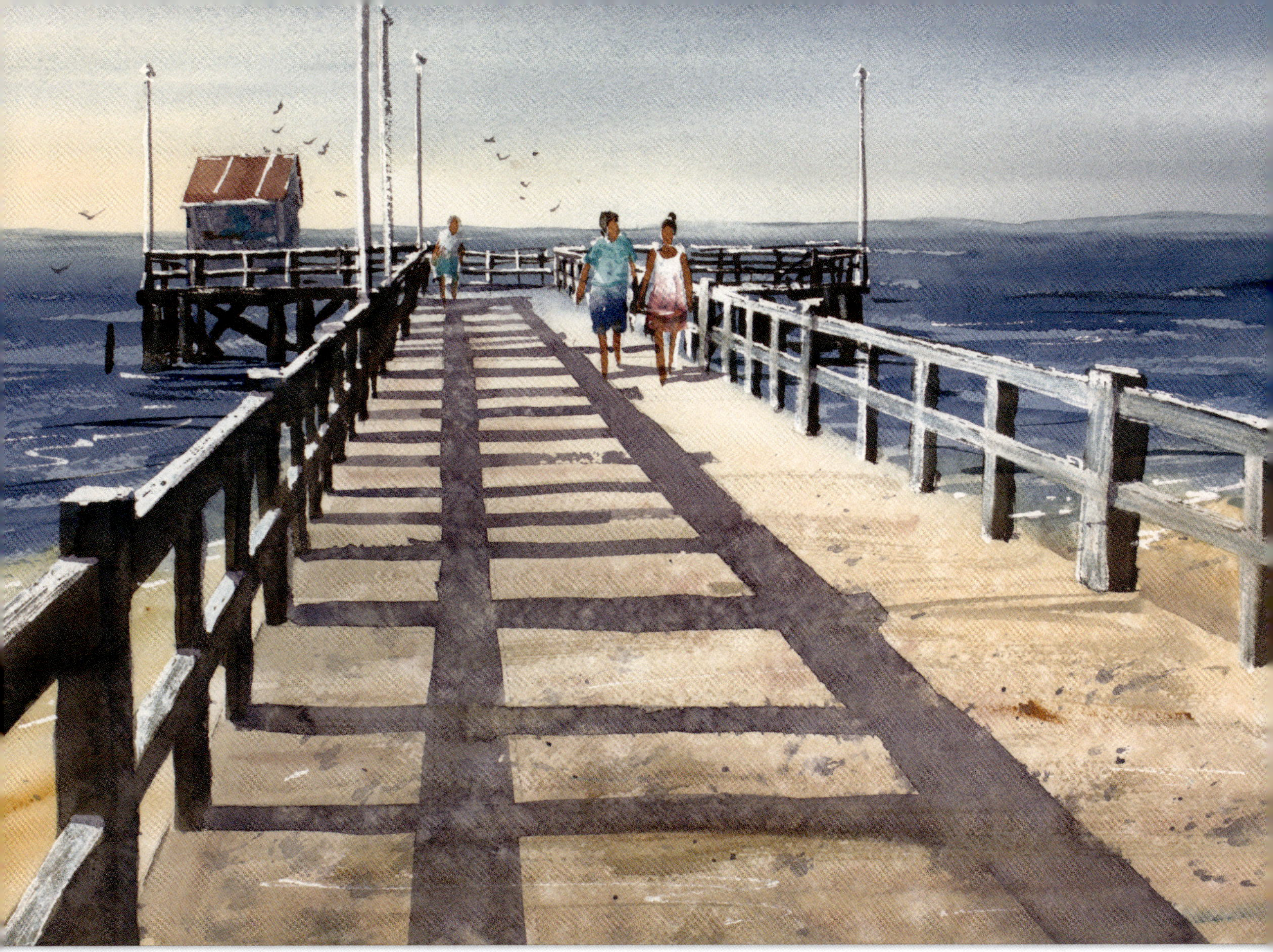

Fertiges Bild

Wenn alles gut getrocknet ist, kannst du die Maskierflüssigkeit wegrubbeln. Selbst eigentlich braune Holzpfosten dürfen im Sonnenlicht fast weiß bleiben, male also die vorher maskierten Stellen nicht gänzlich zu.

Ziehe mit einer Mischung aus Preußischblau und Alizarin-Karmesin die Schatten des linken Geländers auf den Steg. Achte dabei auf die Perspektive des Schattens. Du musst sie nicht mit dem Lineal ziehen, aber die grobe Richtung sollte stimmen. Ein paar Spritzer aus der Sprühflasche lockern die etwas steife Form des Schattens auf. Setze einen dünnen Schattenstrich auf die jeweils rechte Seite der Lampenpfosten.

Die Gliedmaßen der Figuren und ihre Gesichter in Siena gebrannt malen. Ihre Kleidung kann schön bunt sein. Kobalttürkis und Alizarin-Karmesin fand ich hier passend. Ein paar Seevögel lockern den Himmel zusätzlich auf.

Fischerhütte in Fromentine, Frankreich

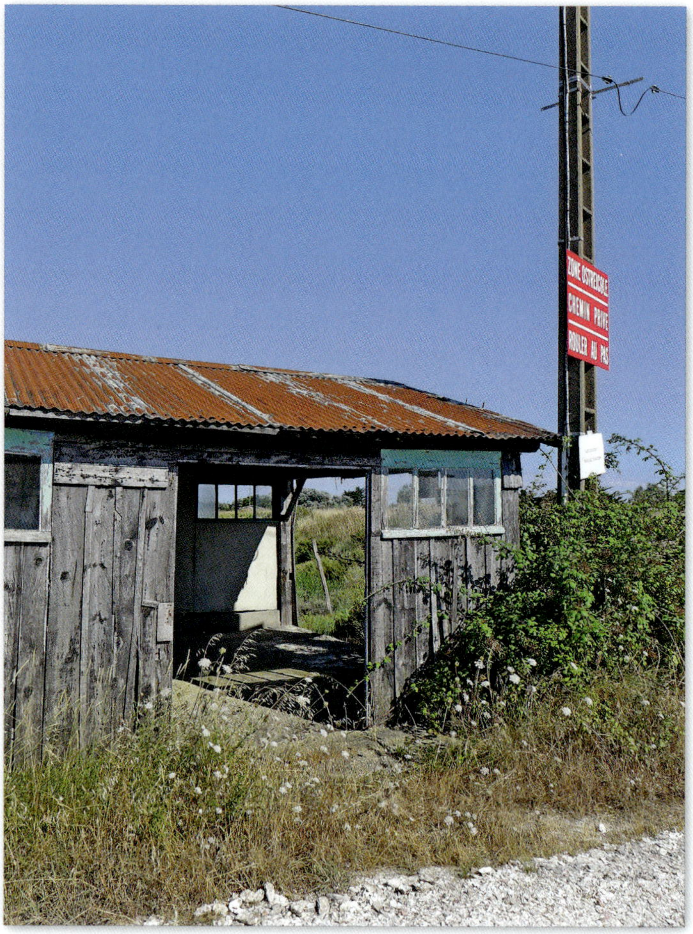

Du brauchst:

Aquarellpapier
- Arches Feinkorn, 300 g/m²

Aquarellfarben in
- Siena natur
- Siena gebrannt
- Chinacridongold
- Coelinblau
- Französisch Ultramarin
- Kobalttürkis
- Kadmiumrot

Malspachtel

eventuell Maskierflüssigkeit

Pinsel s. S. 7

An diesem Tag war ich mit Künstlerkollegen auf Motivsuche. Bei diesem Streifzug kamen wir alle zu ganz unterschiedlichen Ergebnissen, denn jeder hat seine eigene Sichtweise und seine eigene Form von Kreativität und Inspiration. Was mich als Motiv ansprach, haben meine Kollegen kaum wahrgenommen, und was sie faszinierte, brachte bei mir keinen kreativen Funken hervor. Auf dem Schild stand eigentlich: Betreten für Unbefugte verboten. Aber das haben wir übersehen ...

Motiv-Vorlage

Meine Schwäche für alte Hütten und Scheunen ist in vielen Motive zu erkennen, aber hier war es die interessante Form des Schattens, die mich inspirierte. Das Malen beginnt bereits bei der Motivauswahl, und das Komponieren eines Bildes beginnt beim Fotografieren. Der Strommast stellt mit seiner Vertikalen einen interessanten Kontrast zur horizontalen Hütte dar und leitet das Auge in den oberen Bildteil. Zu nahe am Rand oder in der Mitte des Bildes würde der Mast nicht wirken.

Tipp: Die Motive, die dich am meisten ansprechen, werden dir wahrscheinlich auch am besten gelingen. Wenn das eine oder andere meiner Motive deinem Geschmack nicht so ganz entspricht, picke dir Teile heraus und integriere sie in deine eigenen Motive.

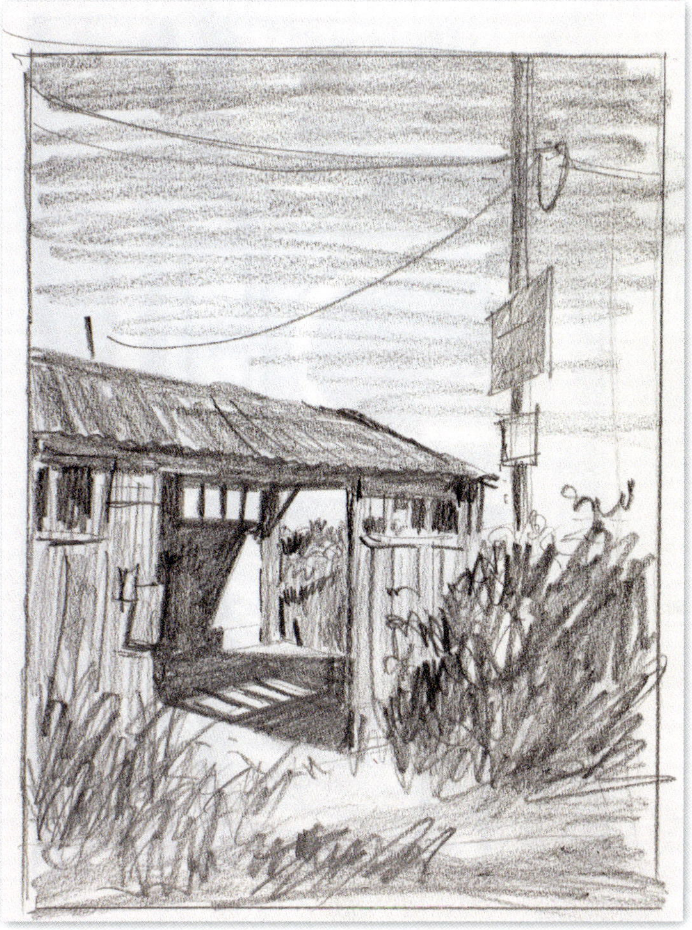

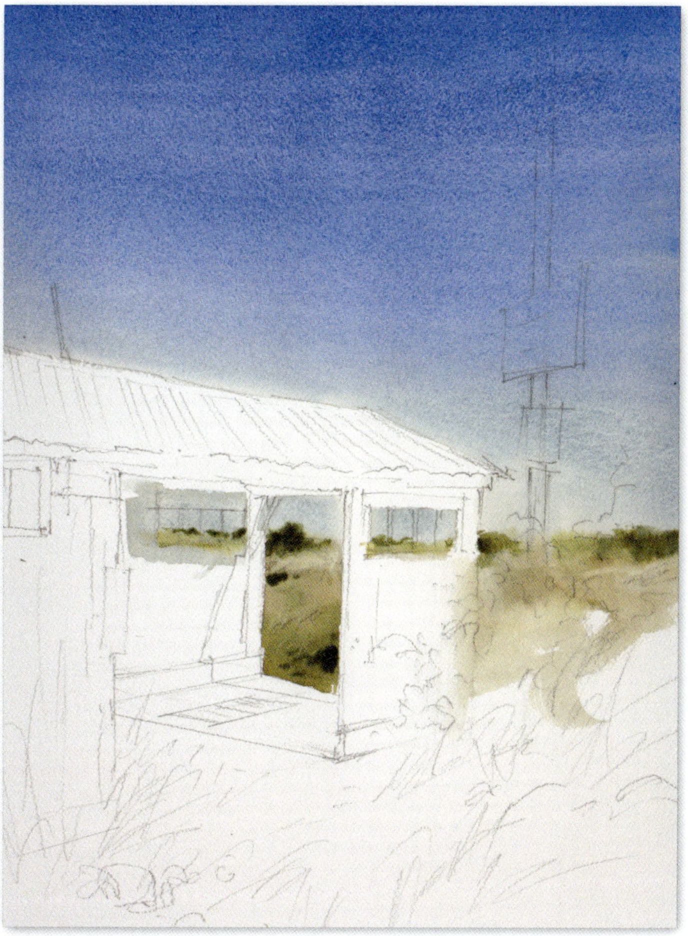

Tonwertskizze

Auch wenn die Fotovorlage schon fast perfekt und kaum etwas zu ändern ist, empfehle ich dir doch, eine Tonwertskizze anzufertigen. Sie macht dir bewusst, wie hell die Hütte sein muss, damit der Schatten in der Hütte zum Star der Show wird. Wie viele Gräser sind für den Vordergrund nötig? Braucht es den Weg für mehr Licht? Möchtest du Blumen pflanzen und wenn ja, helle oder dunklere? Löse möglichst alle Fragen, bevor du mit dem Aquarell beginnst. Sonnige Bilder benötigen einen selbstbewussten Pinselstrich.

1. Schritt

Feuchte den Himmel leicht an. Beginne am Horizont mit Siena natur, gehe dann in Coelinblau über und ende mit Französisch Ultramarin. Die Fläche soll gleichmäßig feucht sein und nicht streifig werden.

Pflanze mit pastoser Farbe aus Siena natur und Französisch Ultramarin einige Büsche am Horizont. Laviere die Durchblicke der Hütte leicht mit Siena natur und lege Coelinblau darüber, sodass dieselbe Himmelfarbe wie über der Hütte entsteht. Lasse auch hier ein paar Büsche wachsen.

*Entspanne dich, strebe nicht nach Perfektion.
Habe Spaß an der Sache. Darum geht es schließlich, nicht wahr?*

Sara Gwenn

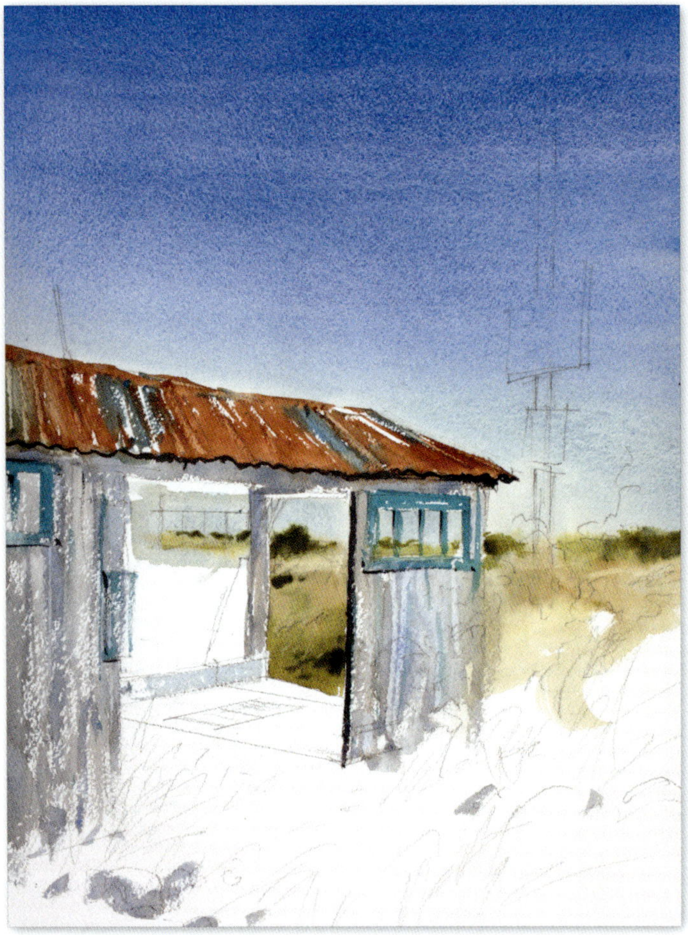

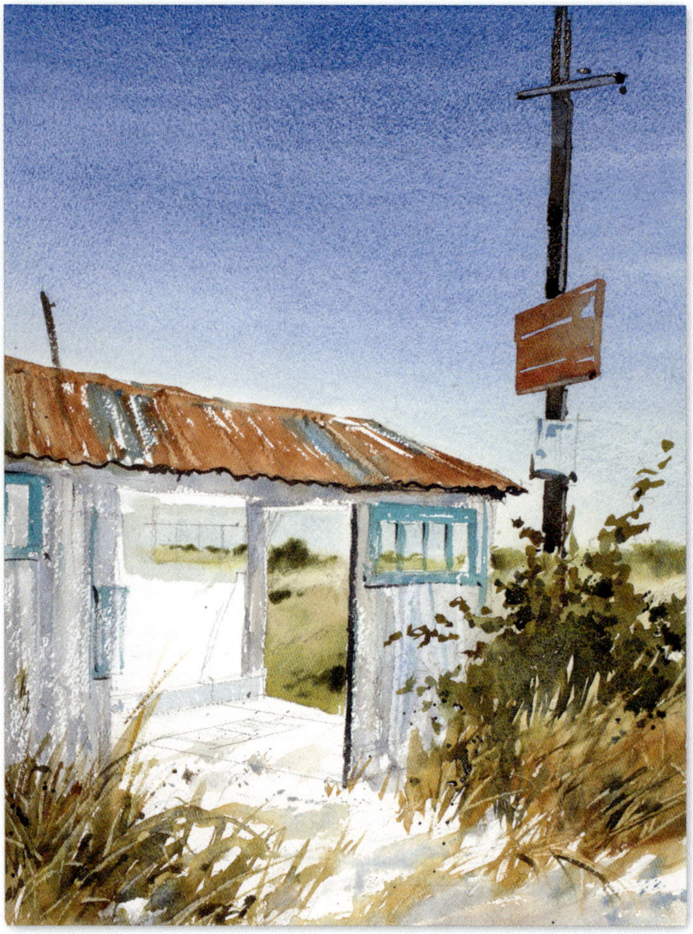

2. Schritt
Male das rostige Wellblech mit Siena gebrannt und variiere es mit Coelinblau. Mit dem Malspachtel eventuell noch zusätzlich Struktur einkratzen. Jetzt mehr Coelinblau und nur wenig Siena gebrannt für die graue Bretterwand verwenden. Für eine Holzstruktur den Pinsel relativ trocken über das Papier führen.

Die Fensterläden mit Kobalttürkis malen. Siena gebrannt und Französisch Ultramarin ergeben ein schönes Dunkel für die Unterkante des Wellblechs und für die Seite der Bretterwand.

3. Schritt
Zu der Grünmischung aus Siena natur und Französisch Ultramarin kommt noch Chinacridongold hinzu. Versuche, nicht zu viel auf deiner Palette zu mischen, sondern setze die einzelnen Farben eher nebeneinander auf das Papier und lasse sie ineinanderlaufen.

Platziere rechts den kleinen Busch und kratze ein paar helle Gräser mit dem Malspachtel heraus.

Male den Strommast mit Französisch Ultramarin und Siena gebrannt und spare die Schilder dabei aus. Kratze mit dem Malspachtel einige helle Stellen auf der Sonnenseite, also rechts am Mast, heraus.

Male nach dem Trocknen die Schilder an den Mast. Hier darf mit Kadmiumrot und Kobalttürkis die Farbigkeit etwas knalliger werden.

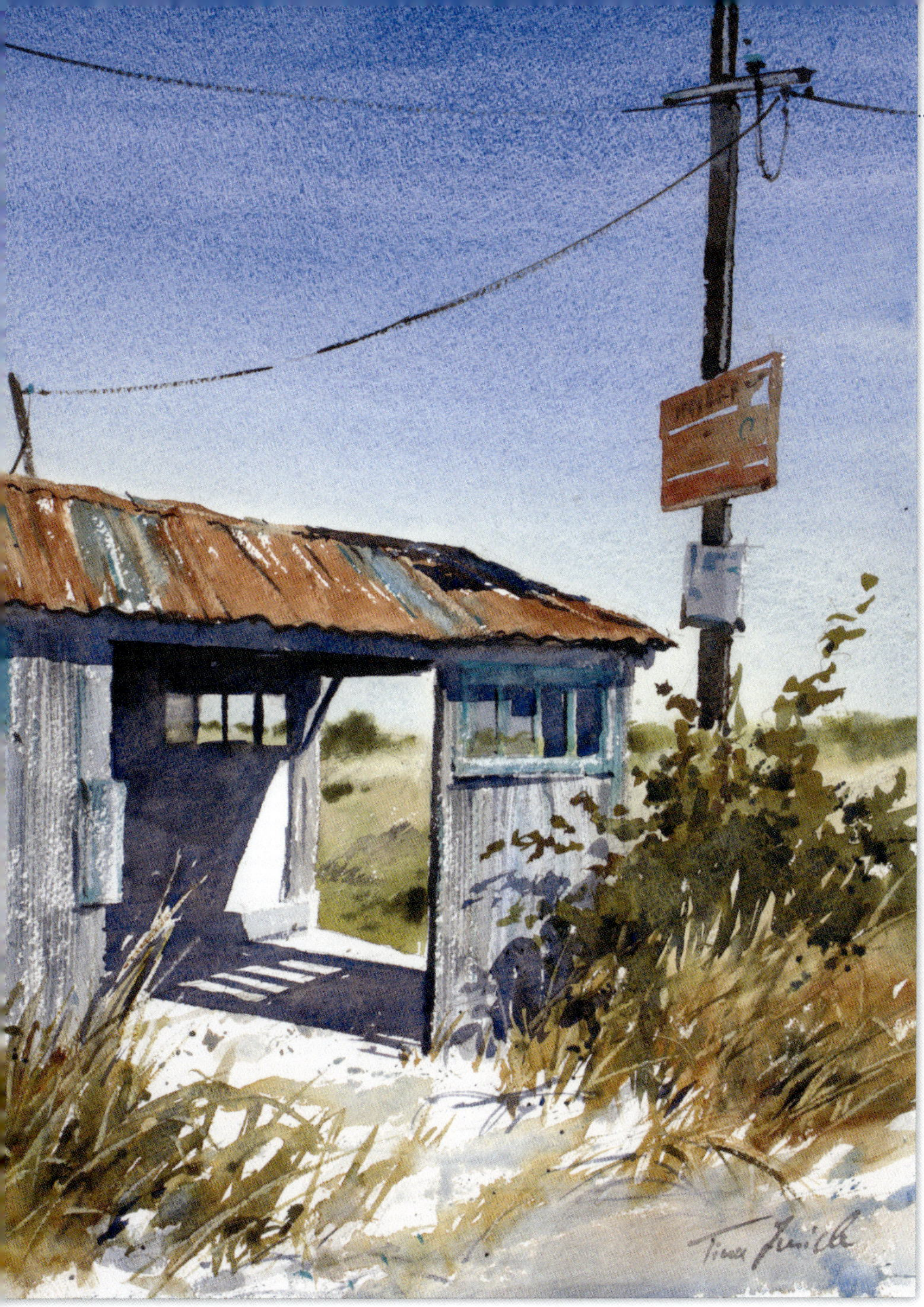

nicht so geübt bist, kannst du auch hier mit Maskierflüssigkeit arbeiten.

Deute einen kleinen Schattenwurf des Buschs auf die Bretterwand an und male den Schatten des Schildes rechts auf die Ecke des Dachs. Zeigen die Schilder nach links, sind sie ebenfalls im Schatten.

Wenn der Schatten im Inneren der Hütte trocken ist, male die hintere Wand etwas dunkler, um die Vorderkante der Hütte hervortreten zu lassen.

Ganz zum Schluss die Stromkabel mit dem Schlepper einziehen. Dabei den Pinsel senkrecht zum Papier führen, ohne die Hand aufzulegen. Nur die Pinselspitze darf das Papier berühren.

Fertiges Bild
Für den Schatten der Schilder passt hier ebenso wie für alle anderen Schatten eine Mischung aus Französisch Ultramarin und Kadmiumrot. Die hellen Gräser im Vordergrund habe ich hier ausgespart, du kannst dafür aber auch Maskierflüssigkeit verwenden.

Lasse den Schatten des Dachs auf der linken und der rechten vorderen Bretterwand beginnen und ziehe ihn dann in den Hütteninnenraum. Spare dabei den Durchblick hinten sowie die sonnigen Rautenformen, die durch das vordere Fenster auf den Boden fallen, aus. Wenn du im Malen von Schatten noch

Galerie geöffnet

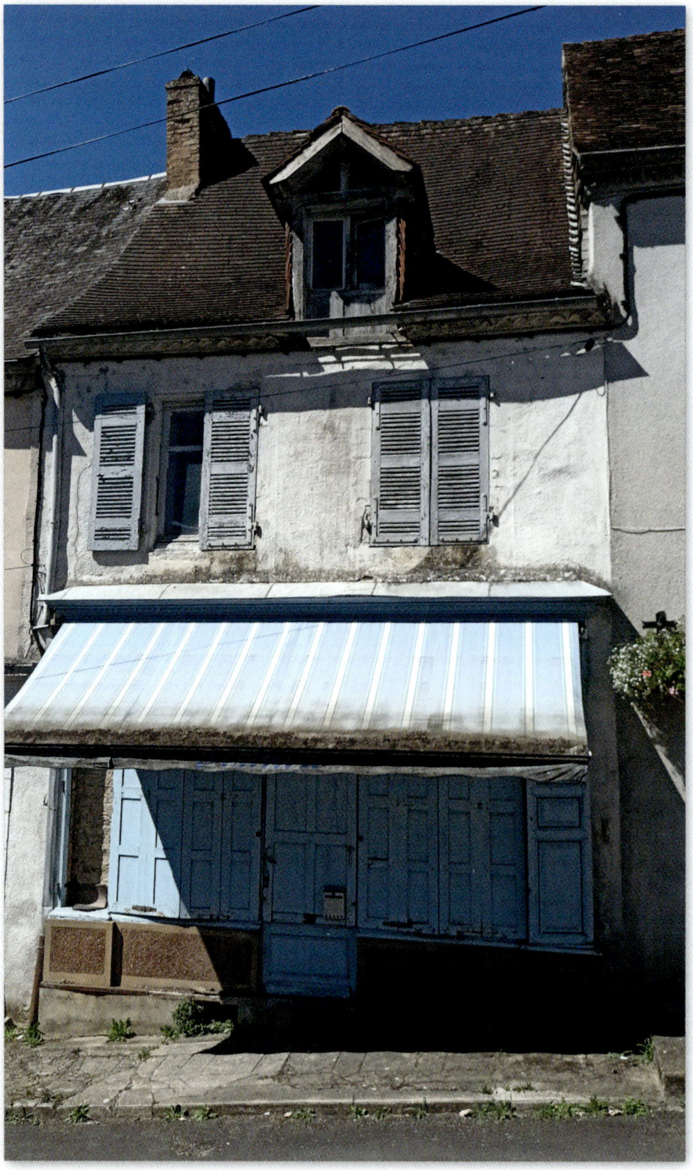

Du brauchst:

Aquarellpapier
- Arches Feinkorn, 300 g/m^2

Aquarellfarben in
- Siena gebrannt
- Coelinblau
- Ultramarin
- Kobalttürkis
- Kadmiumrot

Malspachtel

Pinsel s. S. 7

Ein altes französisches Haus im wunderbaren Sommerlicht. Wer weiß, wie lange es schon leersteht. Ich halte es für sehr schade, dass vielen alten Gebäude kein Leben mehr innewohnt. Hier dachte ich sofort, dass die Fensterfront ideal für eine Galerie wäre.

Die Kunst erlaubt es uns, Träume auf Papier auszuleben. Das Haus könnte man sich auch als Schokoladenmanufaktur oder Blumengeschäft vorstellen. Frage dich selbst, was dich reizen könnte, und mache es zu deinem ganz eigenen Geschäft. Und los geht es zur Neueröffnung.

Motiv-Vorlage
Obwohl die Markise einen Schatten mit einem interessanten Knick auf den Boden wirft, erschien mir der Schatten zu groß. Daher kommt hier wieder die künstlerische Freiheit zum Einsatz, indem ich den Schatten kürze. Ohnehin befindet sich ein Teil des Schattens hinter der Markise, ist also nicht sichtbar, aber doch vorhanden.

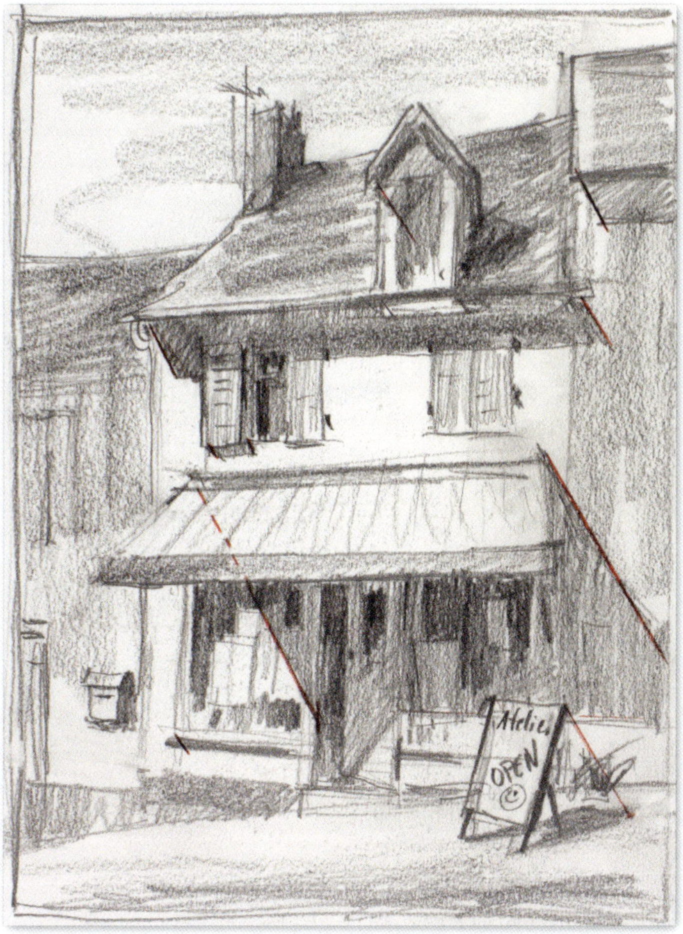

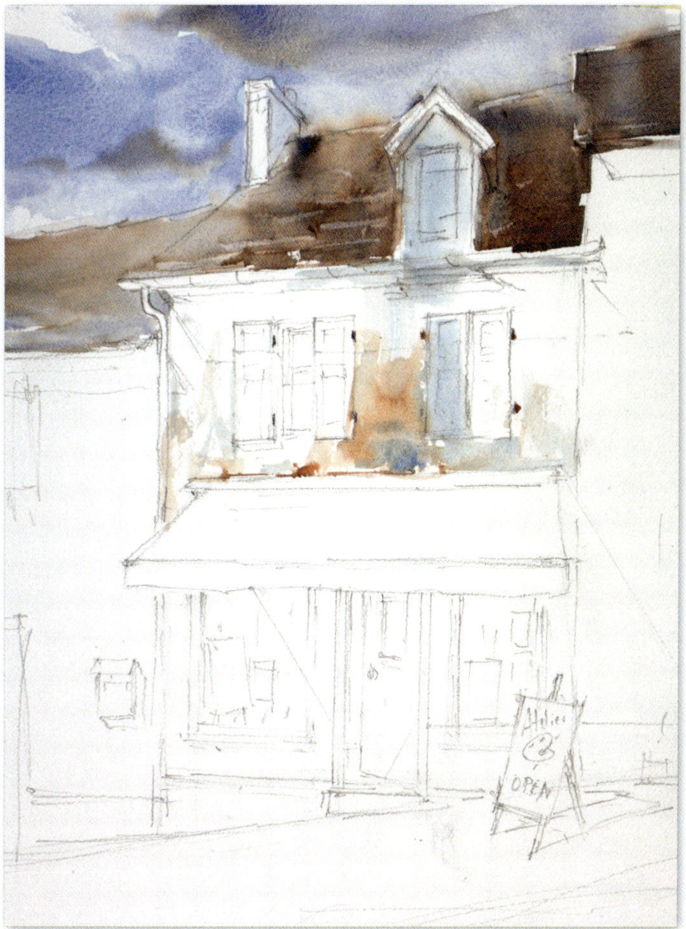

Tonwertskizze

Für eine bessere Komposition habe ich hier die Markise ein wenig eingefahren, sodass der Schatten jetzt auf der Wand endet. Der Schatten unter der Markise beginnt an der Hauswand an der Stelle, an der sie angebracht ist (gestrichelte Linie).

Man tut gut daran, lange Hauskanten zu brechen, und so fand der Aufsteller ins Bild. Möglich wäre auch ein Blumentopf oder ein Mülleimer. Hast du weitere Ideen? Die Häuser links und rechts von unserem Haus sind etwas dunkler, um die Galerie in den Vordergrund zu heben.

1. Schritt

Den Himmel mit einer Mischung Coelinblau, Französisch Ultramarin und einem Hauch von Siena gebrannt anlegen. Die Farbe ruhig ins Dach hineinlaufen lassen. Nun mehr Siena gebrannt hinzumischen und die Dachschindeln malen. Die Farbe des Daches links hell beginnen lassen und nach rechts dunkler variieren. Hierbei auch mit den drei Farben spielen. Einheitlich rote Dächer sind recht langweilig anzusehen. Mit dem Malspachtel ein paar Dachziegel einkratzen und der Hausmauer ein wenig Patina geben.

Deine Lehrer geben dir die Streichhölzer, aber du musst dein eigenes Feuer anzünden, bei jedem Mal neu!

Sara Gwenn

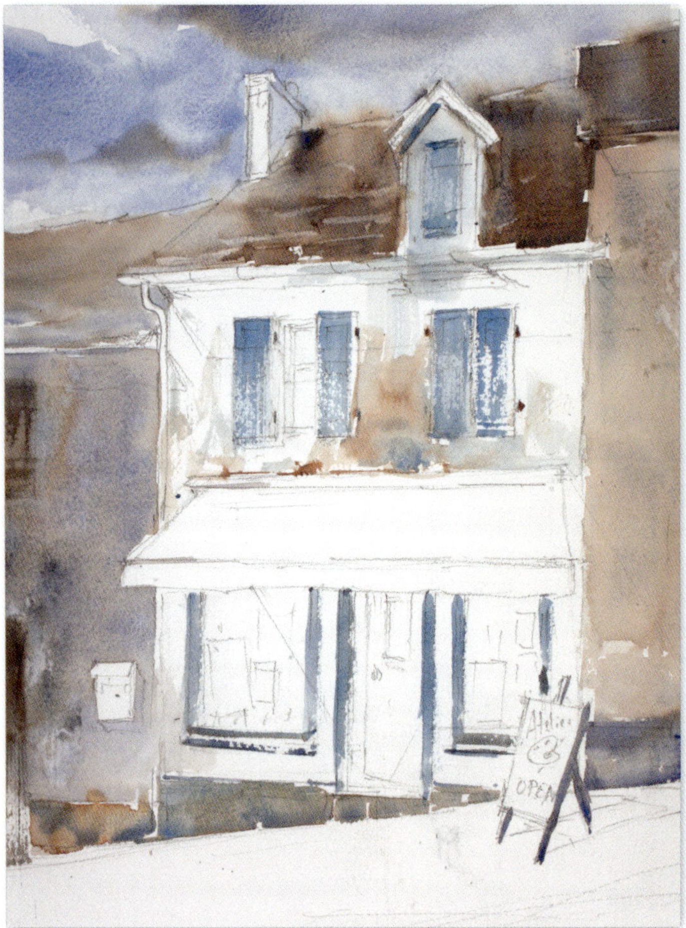

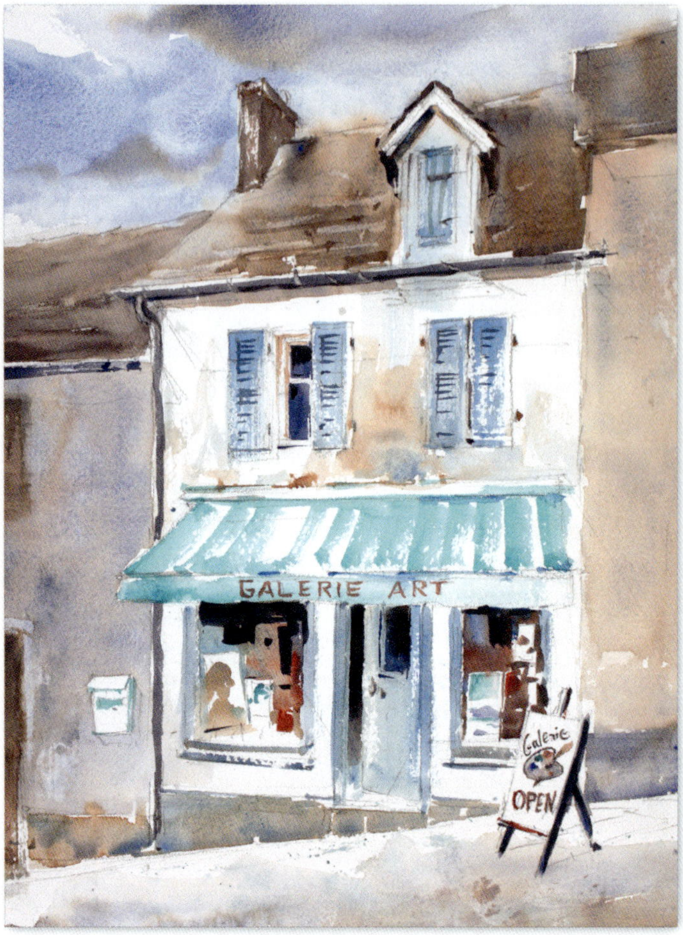

2. Schritt
Das linke Haus mehr bläulich lavieren und dem rechten einen wärmeren Ton geben. Das alles gelingt mit Variationen der drei Farben Siena gebrannt, Coelinblau und Französisch Ultramarin. Dazu die Farben auf dem Papier ineinanderlaufen lassen und weniger auf der Palette mischen.

Die Fensterläden mit Coelinblau und Kobalttürkis malen, ebenso wie die Fenster- und die Türrahmen der Galerie. Den Sockel des Hauses dunkler anlegen, damit er sich gut vom Boden abhebt. Die Seite des Aufstellers mit dem Schlepper malen.

3. Schritt
Gestalte deine Schaufenster mit verschiedenen Farben und unterschiedlichen Tonwerten abwechslungsreich und interessant. Eine geöffnete Tür wirkt einladender, ist aber etwas schwieriger zu malen als eine geschlossene.

Die Markise mit Streifen aus Kobalttürkis dekorieren, den Postkasten links aufhängen, den Schornstein auf die Ecke des Daches setzen. Dann dem kleinen Giebel ein Dach geben, die Dachrinnen anbringen, die Scheiben des offenen Fensterladens malen und den Aufsteller ansprechend gestalten.

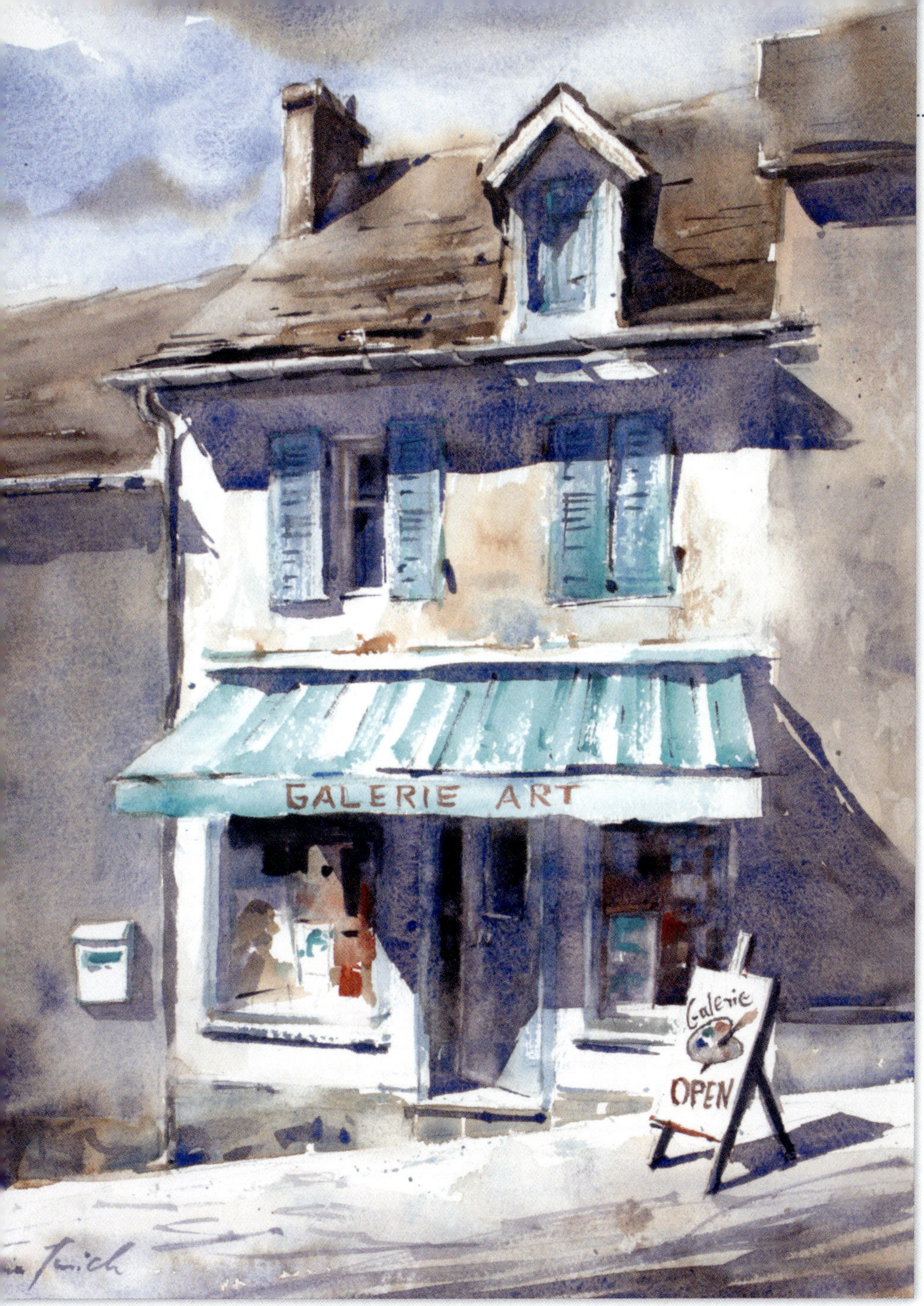

Rot eingezeichnet. Die Dunkelheit unter der Markise bringt nicht nur das Licht, sondern auch Tiefe ins Bild. Der Schatten des Schornsteines folgt der Dachrichtung nach oben. Zum Schluss eventuell ein paar Striche der Schattenfarbe in den Vordergrund geben.

Tipp: Wenn du beim Setzen von Schatten noch zögerlich und unsicher bist, lege die Schatten zunächst probeweise mit der Aquarellfarbe über deine Tonwertskizze. Das gibt dir mehr Sicherheit, wenn du sie dann in dein Aquarell einfügst.

Fertiges Bild
Jetzt kommt der spannende Moment, in dem wir die Szene in sonniges Licht tauchen. Bereite ausreichend Schattenfarbe in Französisch Ultramarin, abgetönt mit Kadmiumrot oder Siena gebrannt, auf deiner Palette vor.

Arbeite zügig und feucht genug, um Streifen und Flecken in den Schattenflächen zu vermeiden. Die Größe des Pinsels sollte dabei auch der Größe der zu malenden Fläche entsprechen. Beachte beim Schatten des Dachüberstandes den Sprung über das geöffnete Fenster (siehe Seite 14). Die Sonnenwinkel aller Schlagschatten müssen identisch sein. In der Tonwertskizze sind sie in

Leuchtfeuer Gellen auf Hiddensee

Du brauchst:

Aquarellpapier
- Arches Grobkorn, 300 g/m²

Aquarellfarben in
- Coelinblau
- Französisch Ultramarin
- Siena gebrannt
- Chinacridongold
- Kadmiumrot
- Grünoliv

Malspachtel

Pinsel s. S. 7

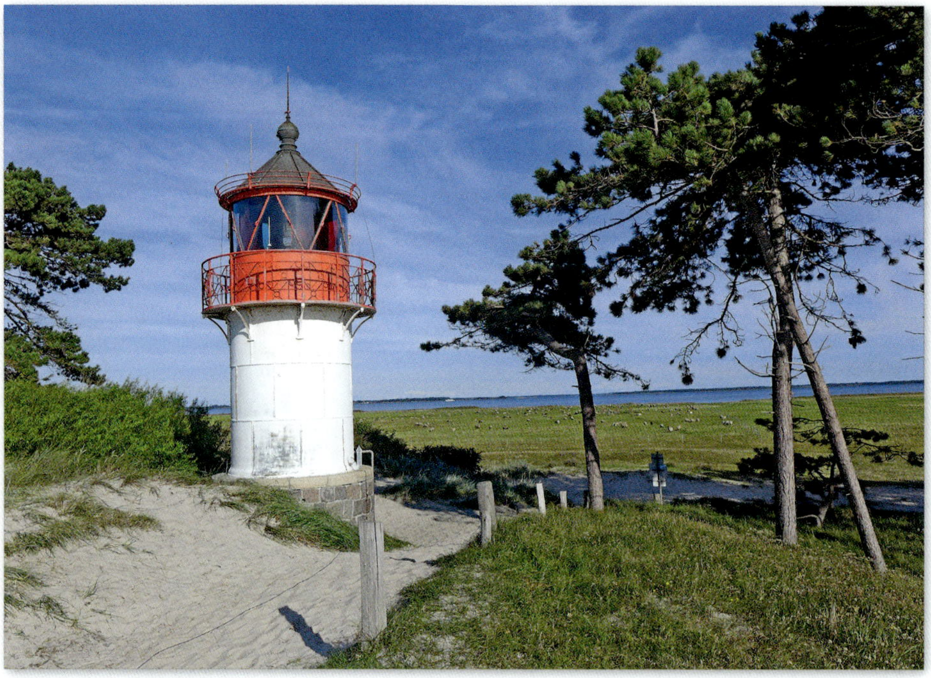

Der im Süden gelegene kleine Leuchtturm von Hiddensee ist weniger bekannt als der große Dornbusch im Norden und für mich sehr viel malerischer. Blickt man vom Land aus Richtung Meer, sind die Dünnen zu hoch, um das Wasser zu sehen. Somit fiel hier die Entscheidung für den Blick Richtung Bodden.

Motiv-Vorlage

Wie genau man der Wahrheit entsprechen möchte, muss jeder für sich selbst entscheiden. Künstlerische Freiheit ist immer erlaubt, solange sie glaubwürdig erscheint und die Gesetze der Perspektive respektiert. Hier habe ich für eine ansprechende »Lüge« das Türmchen des Leuchtfeuers ein wenig wachsen lassen. Die Sonne kommt von leicht hinten, und leider gibt es nur wenig Schattenwurf auf dem Turm. Es ist verboten, die Dünen zu betreten, und so war es mir nicht möglich, ein Foto aus einem besseren Blickwinkel zu machen. Aber es ist ja kein Problem, es im Aquarell so zu malen, wie man es gerne hätte!

„Würdest du mir bitte sagen, wie ich von hier aus weitergehen soll?" fragte Alice die Katze. „Das hängt zum großen Teil davon ab, wohin du möchtest"

aus Alice im Wunderland

Tonwertskizze

Eine Tonwertskizze anzufertigen bedeutet, sich mit dem Motiv auseinanderzusetzen, es kennen und verstehen zu lernen. Bist du mit deinen Bäumen zufrieden? Sind sie interessant angeordnet, unterscheiden sie sich in Form und Größe? Steht der Leuchtturm im Verhältnis von einem Drittel zu zwei Dritteln zu den Bildseiten? Der Horizont sollte nicht in der Mitte liegen, besser im unteren Drittel der Bildfläche. Wo sind die Dunkelheiten und Schatten in der Komposition? Möchtest du den Zaun einfügen oder lieber weglassen?

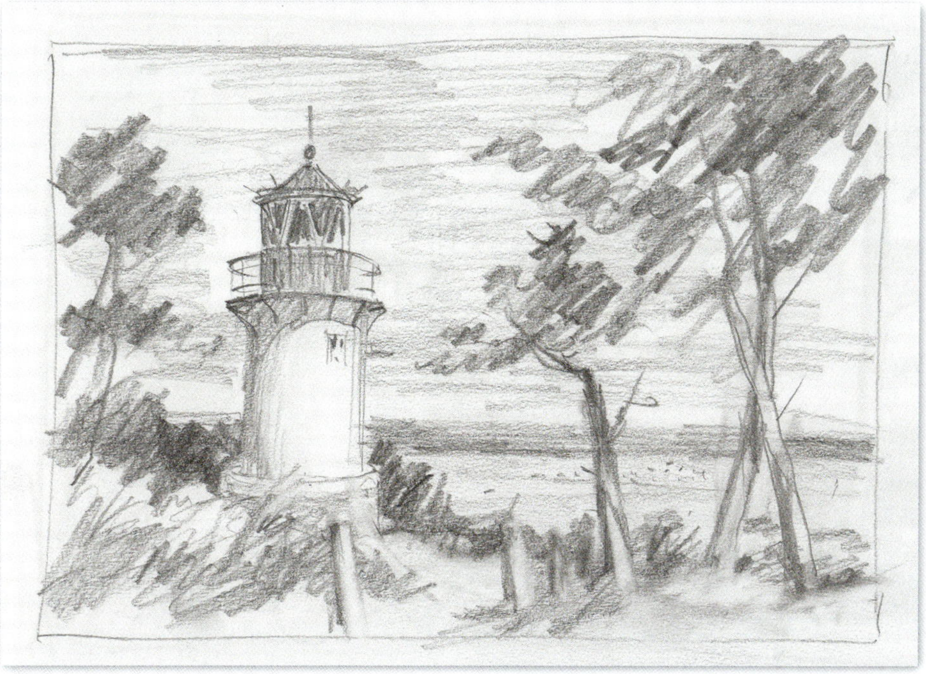

1. Schritt

Klebe die Seiten des Turms mit Malerkrepp ab. Aber Vorsicht: Das funktioniert nicht bei oberflächenverleimtem Papier.

Feuchte die Himmelsfläche an und male ziehende Wolken mit Coelinblau und Französisch Ultramarin. Lege auch etwas Blau in die Wasserfläche unter dem Horizont.

Für das Gras male Chinacridongold und Französisch Ultramarin in unterschiedlichen Mischungsverhältnissen in die Dünen. Kratze mit dem Malspachtel einige Dünengräser aus. Legen dann vorn mit Siena gebrannt eine leichte Lasur in den Sand.

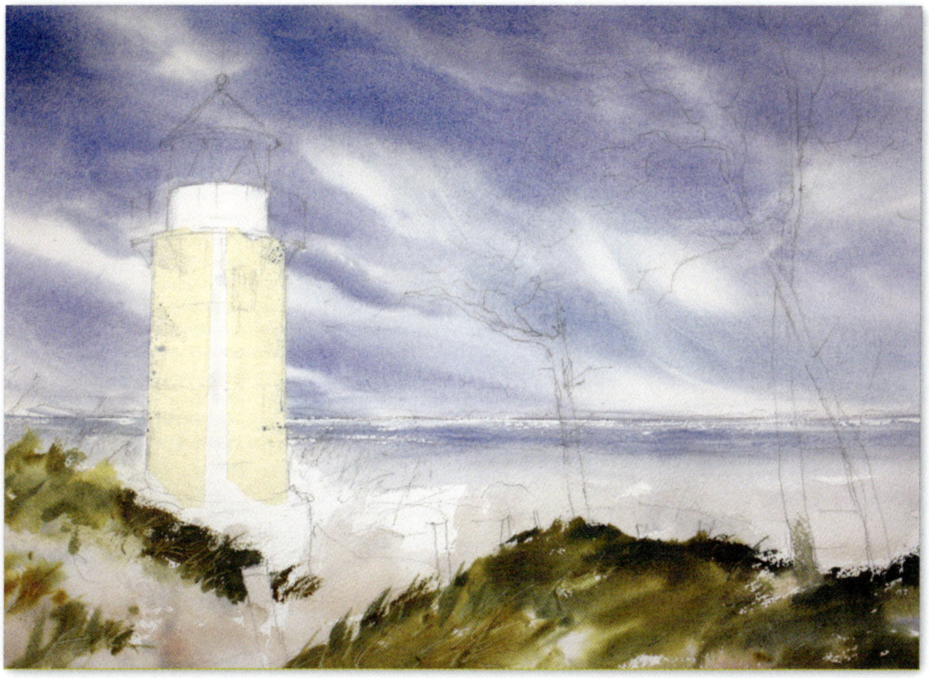

2. Schritt
Jetzt für die entfernten Hügel am Horizont mehr Ultramarin zur Grasfarbe geben. Etwa 1 cm Wasserfläche stehen lassen und die Wiese mit einer Variation von Chinacridongold und Französisch Ultramarin etwas dunkler malen. Zu dieser Mischung Grünoliv hinzufügen und für die Dunkelheiten der Büsche und Kiefern mit deinem Pinsel mehr Farbe aufnehmen.

Für die Andeutung der Kiefernnadeln den Pinsel mit den Fingern leicht auseinanderspreizen. Dafür sehr pastose Farbe verwenden, kaum Wasser. Das Kreppband vom Turm entfernen.

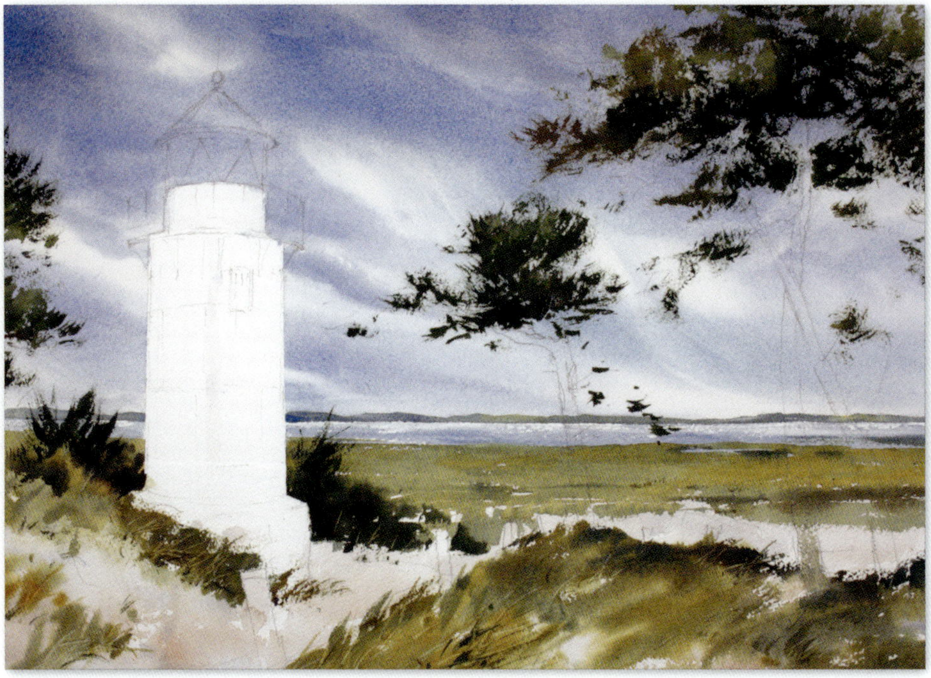

3. Schritt
Bevor du die Stämme der Kiefern malst, löse die Linien des Hintergrundes etwas auf, damit sie nicht durch den Stamm hindurchscheinen. Mische dann Siena gebrannt und Coelinblau zu einem Grau, lege damit die Stämme an und verbinde sie mit den grünen Baumkronen. Für die dünnen Äste den Schlepper verwenden und in Wuchsrichtung ziehen, also von unten nach oben. Einige Äste abbrechen und wegstehen lassen. Dieselbe Grau-Mischung für die Pfosten und die Steine am Turmsockel verwenden.

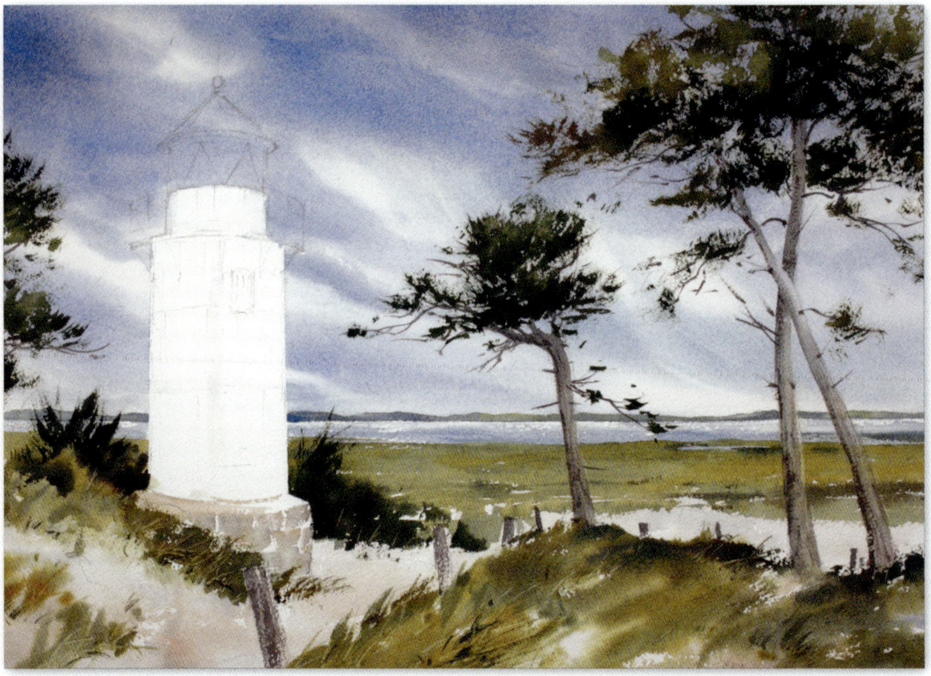

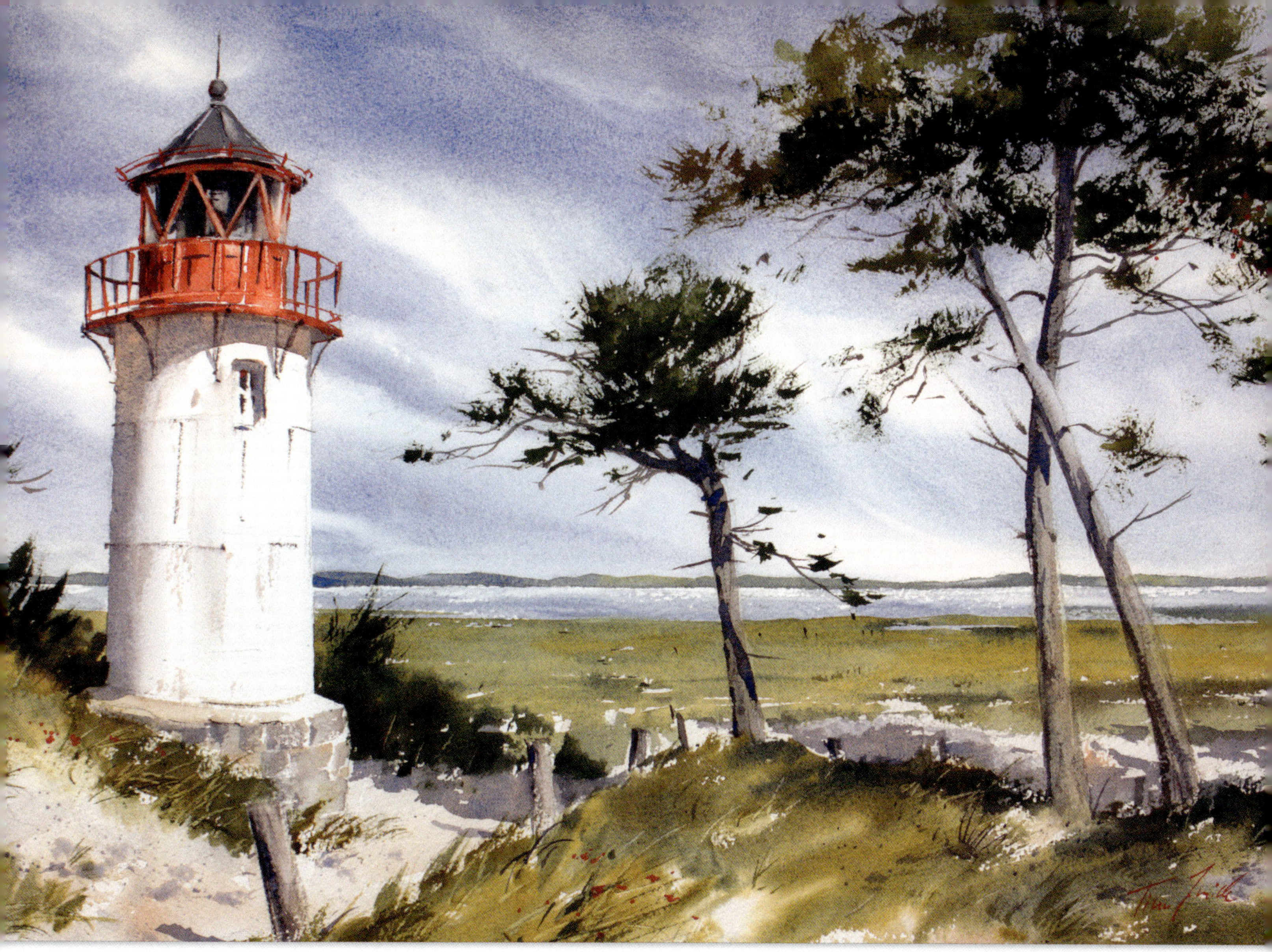

Fertiges Bild

Benutze für das Laternengehäuse, für die Plattform und für das Geländer Kadmiumrot. Für das kleine Dach Französisch Ultramarin zum Rot mischen und mit einer noch kräftigeren Mischung der beiden Farben den Innenraum abdunkeln.

Eine Mischung aus Kadmiumrot und Französisch Ultramarin passt hier hervorragend als Schattenfarbe. Beginne unter der Plattform mit einer leichten Lasur in Rot und gehe dann nach unten in mehr Französisch Ultramarin über. Für die Rundung des Turms die Kante nach rechts anlösen (siehe Seite 13). Die Schatten in das Fenster, unter die Büsche und auf die linken Seiten der Bäume und der Pfosten ziehen. Links und rechts der mittleren Düne den Schatten auf den Weg fallen lassen und vorn links ein paar Spritzer der Schattenfarbe in den Sand geben.

Zum Schluss die Stützpfosten der Plattform malen. Abschließend hier und da einige dunklere Gräser einziehen und kadmiumrote Blümchen pflanzen, damit sich Farbe des Laternengehäuses wiederholt.

Villa Ippocampi, Kreta

Du brauchst:

Aquarellpapier
- Arches Feinkorn, 300 g/m²

Aquarellfarben in
- Siena natur
- Siena gebrannt
- Chinacridongold
- Rubinrot
- Preußischblau
- Coelinblau

Malspachtel

Sprühflasche mit Wasser

Pinsel s. S. 7

In südlichen Ländern scheint alles viel mehr zu leuchten. Das Licht und die Farben sind intensiver, der Sonnenstand meist höher. Das Foto wurde an einem Nachmittag im Oktober aufgenommen, und die Sonne schien dann nicht mehr ganz so grell.

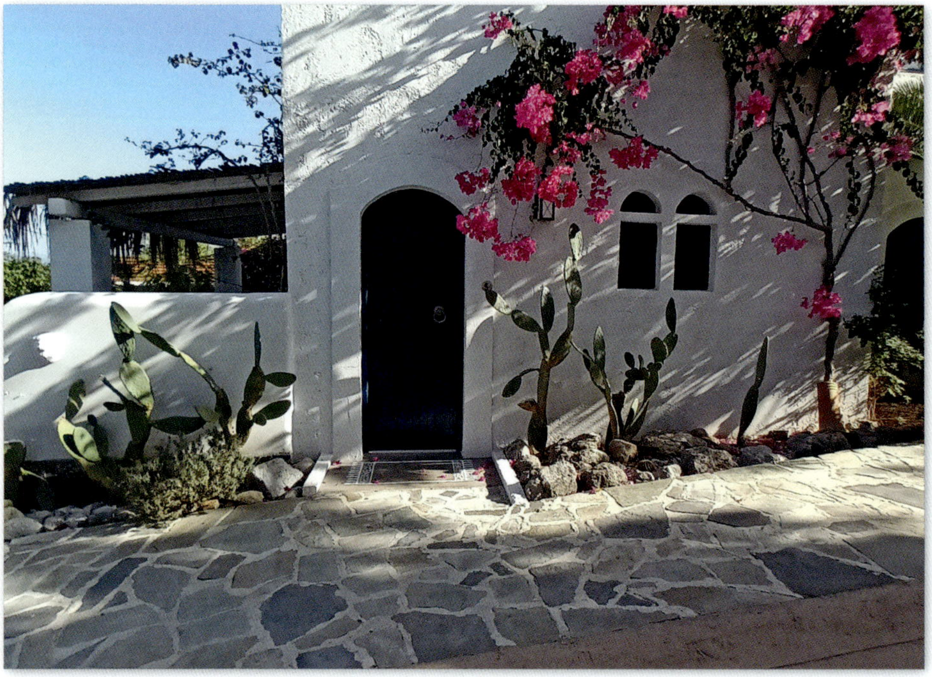

Motiv-Vorlage

Die Schatten auf der weißen Wand zeigen uns den Lichtwinkel und damit den Stand der Sonne an. In diesem Beispiel gibt es mehr Schattenflächen als sonnige Bereiche. Die Bougainvillea stand in voller Blüte in fröhlichem Pink. Für eine Farbharmonie im Bild sollten die Farben wiederholt werden, und somit bietet es sich an, das Pink hier auch in den Schatten zu mischen.

Tipp: Bereite immer mehr Schattenfarbe auf deiner Palette vor, als du eventuell brauchen wirst. Geht dir die Farbe mitten in einer großen Schattenfläche aus, muss nachgemischt werden, und das kostet wertvolle Zeit. Oft wird der Schatten dann fleckig oder es ergeben sich Wasserrückläufe.

Tonwertskizze
Durchdenke in der Tonwertskizze deine Komposition. Auf dem Foto ist die Tür in der Mitte der Bildfläche. Besser ist es, sie leicht zur Seite zu versetzen. Die Bougainvillea sollte nicht zu sehr an den Bildrand gedrängt werden und in einem gefälligen Bogen von rechts nach oben links ins Bild wachsen. Die Palme wird höher als das Dach der Terrasse. Schließlich erhalten die Kakteenblätter unterschiedliche Richtungen und werden in Form und Größe variiert. Hängen Blätter vor der Tür oder dem Fenster, erhält das Bild mehr Tiefe.

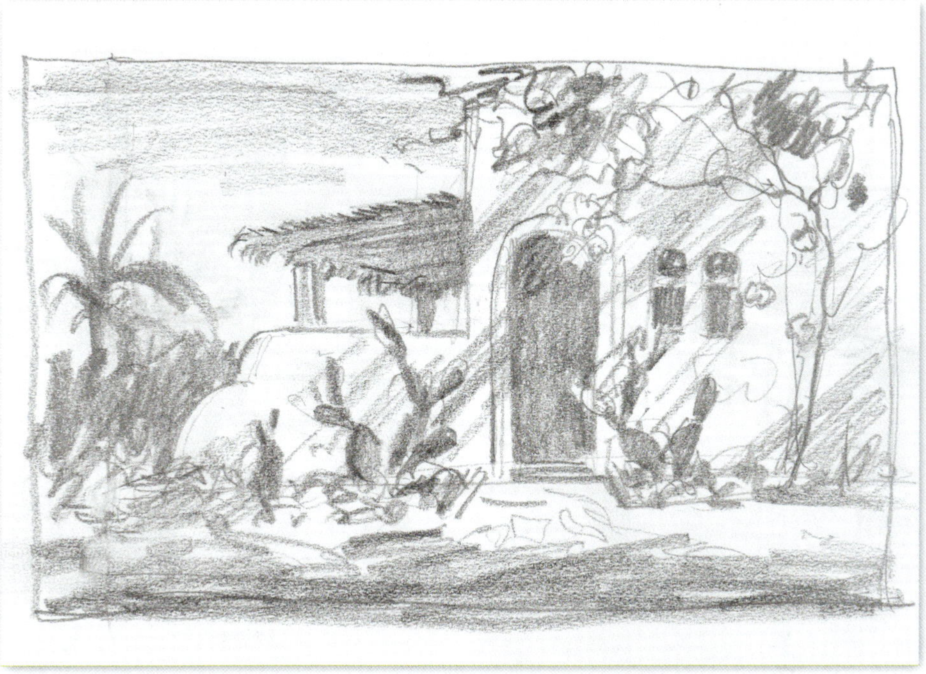

1. Schritt
Feuchte den Himmel bis zum Boden hin an. Lege unten Siena natur in die Fläche, gehe dann in Coelinblau über und ende oben mit Preußischblau. Legt man den Himmel relativ hell an, kann er über das Dach aus Palmwedeln gemalt werden, da es später dunkler wird.

Male die Steine im Vordergrund mit Variationen aus Coelinblau, Siena natur und Siena gebrannt. Ein wenig Wasser aus der Sprühflasche löst die Steinformen stellenweise auf. Trocknen lassen.

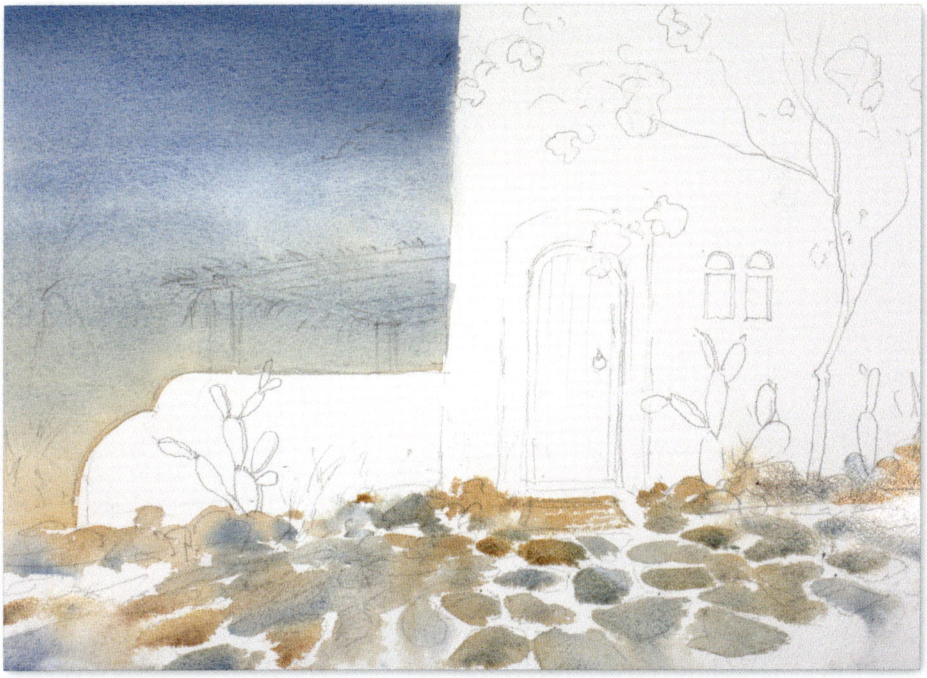

Der schlimmste Feind der Kreativität ist der Selbstzweifel.

Sylvia Plath

2. Schritt
Mische aus Siena natur und Coelinblau ein kühles Kakteengrün. Für die anderen Pflanzen Quinacridongold mit Preußischblau mischen. Ziehe die Wedel aus dem Mittelpunkt der Palme in alle Richtungen und variiere die Grünmischung. Dann den Busch vor die Palme und ein paar Grasbüschel vor das Haus pflanzen.

Mit dem Malspachtel einige helle Akzente herauskratzen. Achte darauf, den Busch links hinter der Mauer zu lassen und nicht die Farbe vor die Mauer zu ziehen.

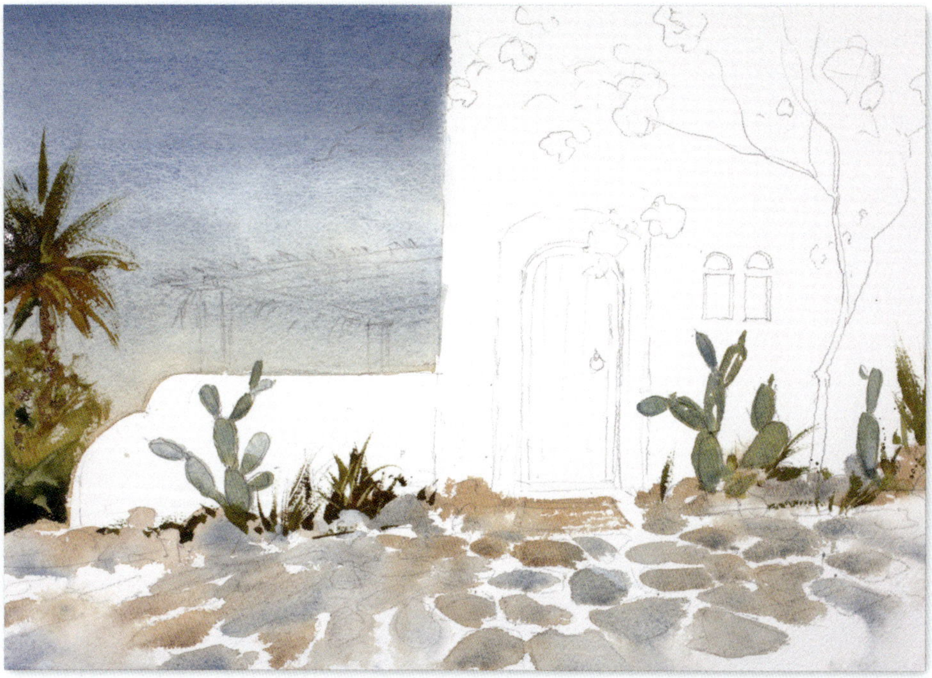

3. Schritt
Male die Blüten der Bougainvillea mit Rubinrot und platziere grüne Blätterbüschel dazwischen. Kurz ansprühen.

Das Palmwedeldach mit Siena gebrannt und Preußischblau einfügen. Mit derselben Braunmischung den Stamm und die Äste der Bougainvillea mit dem Schlepper einziehen sowie kleine Dunkelheiten unter die Steine setzen.

Für die Tür reines Preußischblau verwenden und die dunklen Fensteröffnungen malen. Unten bei den Kakteen das Rubinrot in wenigen Blüten wiederholen.

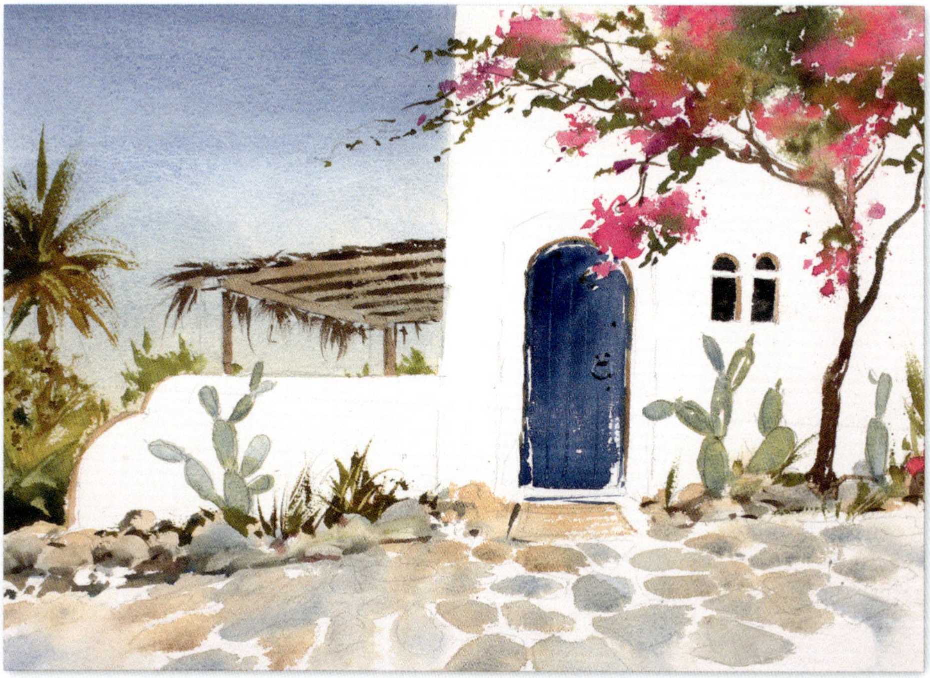

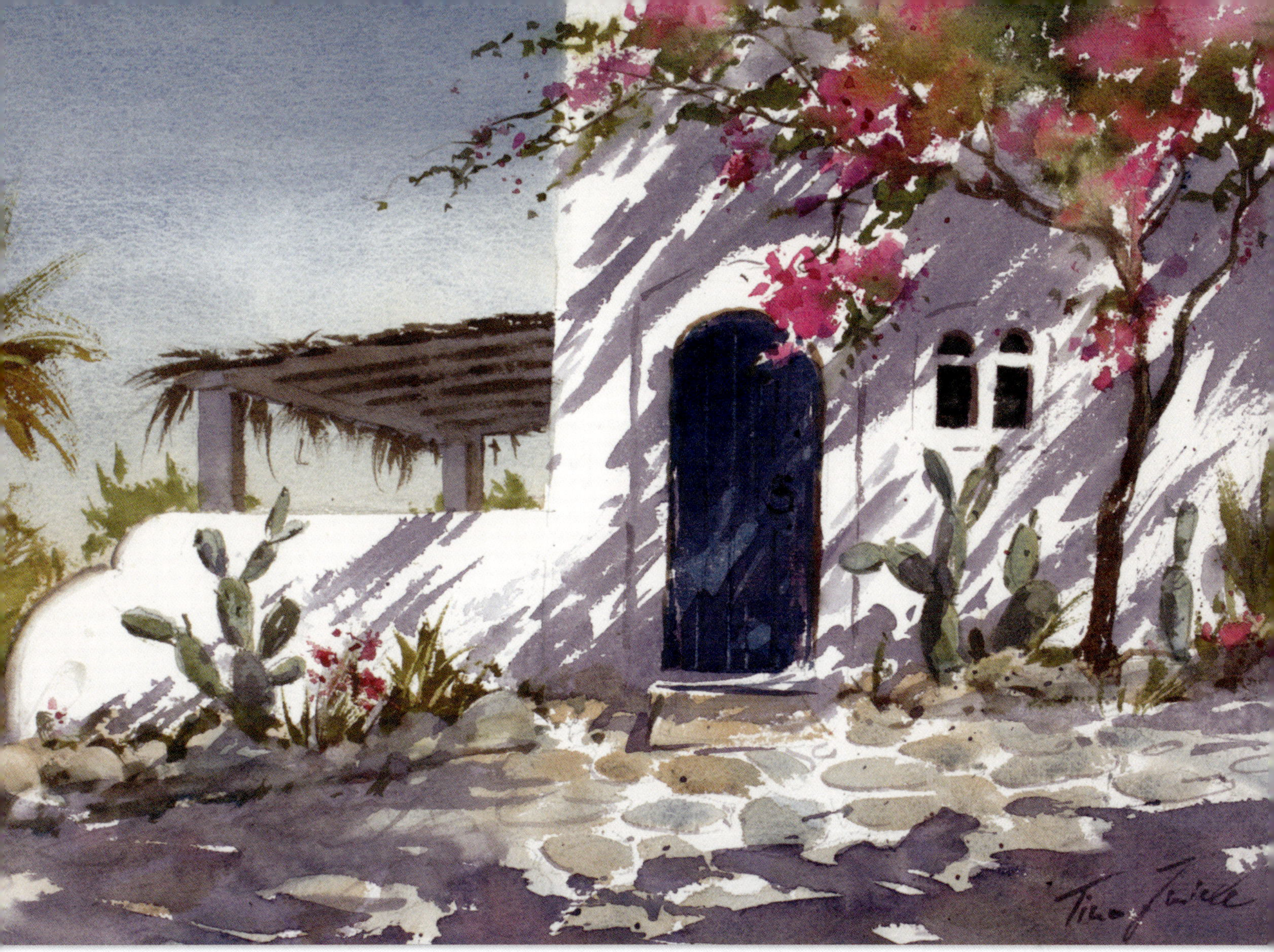

Fertiges Bild

Für den nächsten Schritt braucht es ein mutiges Herangehen. Mische auf deiner Palette eine große Menge Schattenfarbe aus Preußischblau und Rubinrot an. Beginne mit den diagonalen Schatten, die von der Bougainvillea auf die Wand geworfen werden. Lasse dazwischen verschieden große Lichtflecken, also weißes Papier, stehen. Die Striche müssen alle die gleiche Richtung haben. Sie enden an der hohen Mauerkante links, setzen sich auf der kleinen Mauer fort und enden am Boden. Geschafft! Einmal tief durchatmen, und weiter geht es.

Die Schattenfarbe über das Palmwedeldach malen. Jetzt die Schatten auf den Boden legen und dabei wieder Lichtstellen aussparen. Je nach Bedarf zu harte Ränder kurz ansprühen. Die Kakteen ebenfalls mit kleinen Schattenflächen versehen. Mit dem Schlepper zarte Kanten unter die Bodenfliesen ziehen. Hier und da ein paar einzelne Blütenblätter mit dem Pinsel aufspritzen.

Morgenstunden in Tamdaght

Du brauchst:

Aquarellpapier
- Arches Grobkorn, 300 g/m²

Aquarellfarben in
- Siena natur
- Siena gebrannt
- Chinacridongold
- Rubinrot
- Preußischblau
- Coelinblau

Malspachtel

Sprühflasche mit Wasser

Pinsel s. S. 7

Tamdaght ist ein typisches marokkanisches Berberdorf in der Nähe von Aid Benhaddou. Während sich die Schüler meiner Malgruppe noch einmal im Bett umdrehten, war ich bereits draußen unterwegs, um mit der Kamera die langen Schatten des Sonnenaufgangs einzufangen. Außer einer Katze und den Vögeln war noch niemand unterwegs. Frühmorgens und spätnachmittags ist das Licht am malerischsten.

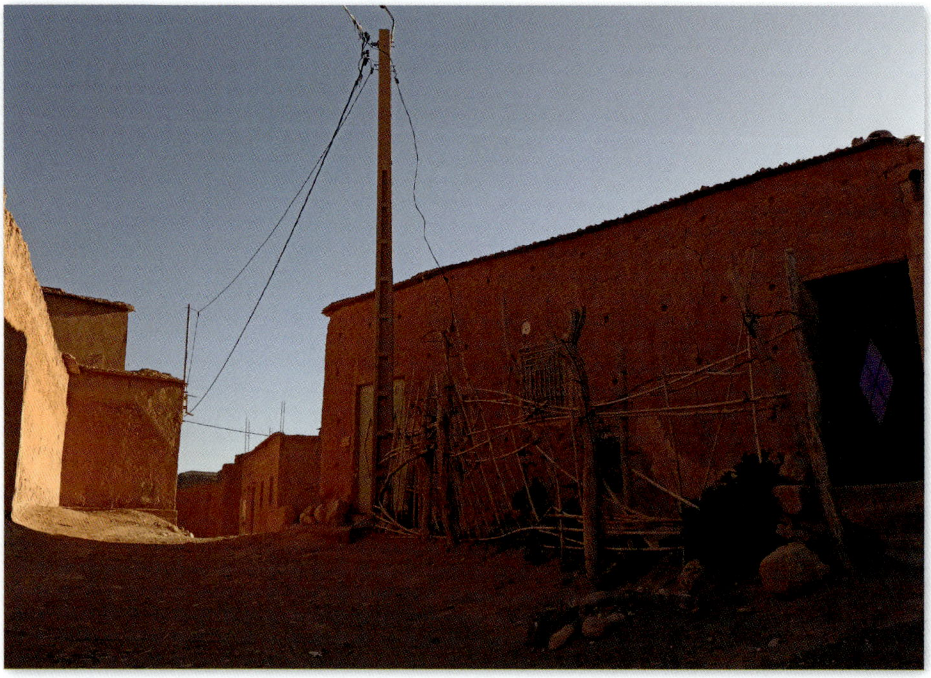

Motiv-Vorlage
Die tief stehende Sonne wirft lange Schatten, und hier liegt nur eine sehr kleine Fläche im Licht. Ich hatte überlegt, einen Marokkaner ins „Bühnenlicht“ zu stellen oder die Katze, aber alles schien den ruhigen Morgen im Bild nur zu stören.

Tipp: Wenn eine Technik neu für dich ist, wie hier z. B. das Kratzen mit dem Malspachtel, dann trainiere sie erst separat auf der gleichen Sorte Papier. Gehe erst in dein Aquarell, wenn du weißt, wie feucht das Papier noch sein muss für den richtigen Kratz-Moment und wie du den Spachtel bestmöglich handhabst.

Tonwertskizze

Die Fotovorlage ist schon sehr gut, und die helle Lichtpassage befindet sich ideal im Goldenen Schnitt. Dennoch empfehle ich immer eine Tonwertskizze, um dich mit dem Motiv vertraut zu machen. Vom Haus links im Hintergrund sind zwei Seiten zu sehen, aber beide Flächen liegen im Schatten. Ein geringer Tonwertwechsel kann hier Klarheit und die richtige Tiefe schaffen. Wie dunkel müssen die Schatten werden, um die linke Hauswand ins rechte Licht zu rücken, und wie kannst du die große Schattenfläche interessant gestalten?

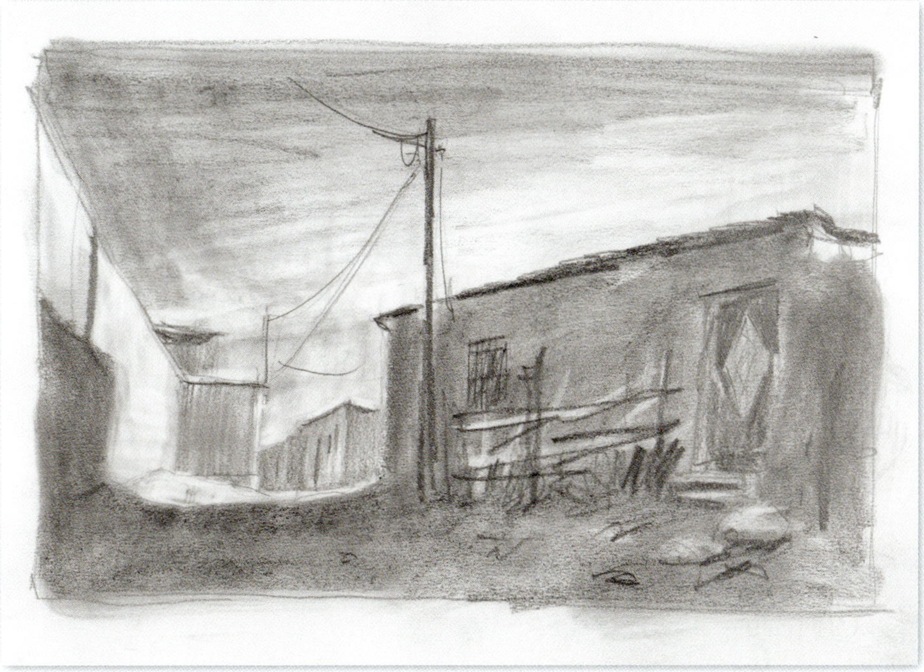

1. Schritt

Feuchte die gesamte Bildfläche mit klarem Wasser an. Beginne unten mit einer Lasur Siena natur, gehe dann in helles Coelinblau über und ende oben im Himmel mit Französisch Ultramarin. Wenn in der Fläche Streifen entstehen, arbeitest du zu trocken. Wenn sich Tropfen bilden, malst du zu nass.

Setze auf die Tür auf der rechten Seite mit dem trockenen Pinsel einen Fleck Französisch Ultramarin auf das noch feuchte Papier. Das Blatt gut trocknen lassen.

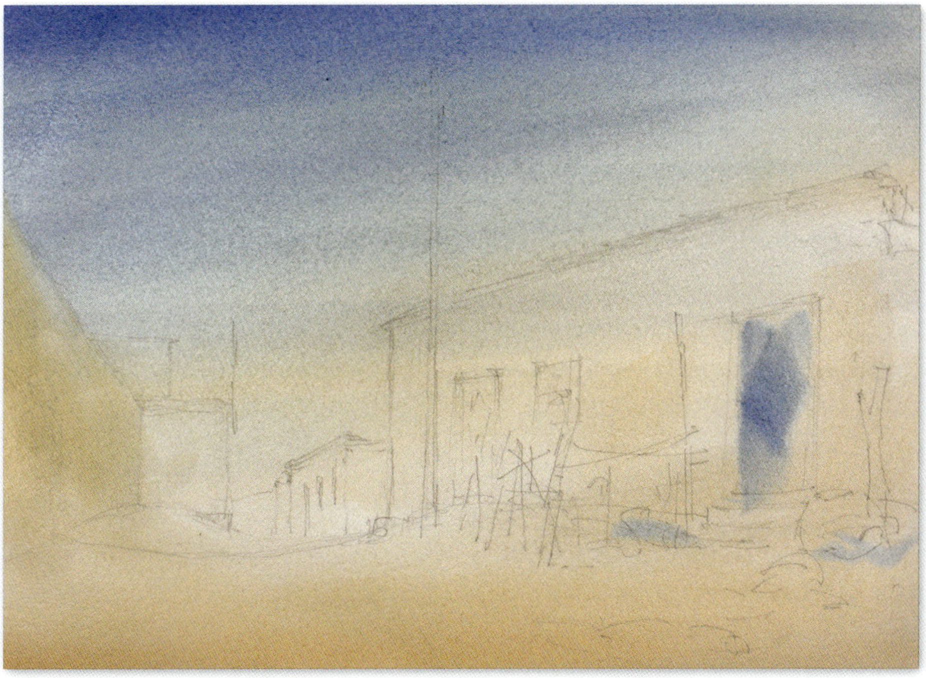

2. Schritt
Male die Hauswände aus einer variierten Mischung aus Siena natur, Siena gebrannt und Alizarin-Karmesin, links heller, rechts etwas kräftiger. Ziehe die Farbe auch nach vorn in die Bildfläche und sprühe sie kurz mit etwas Wasser an.

Male die Türen mit Winsorgrün und hebe die Dachkanten mit dunkler Farbe aus Siena gebrannt und Französisch Ultramarin hervor. Am hinteren Haus die Halterung für die Stromleitung und die Fenster anbringen. Die rechten Hausflächen eine Nuance dunkler anlegen.

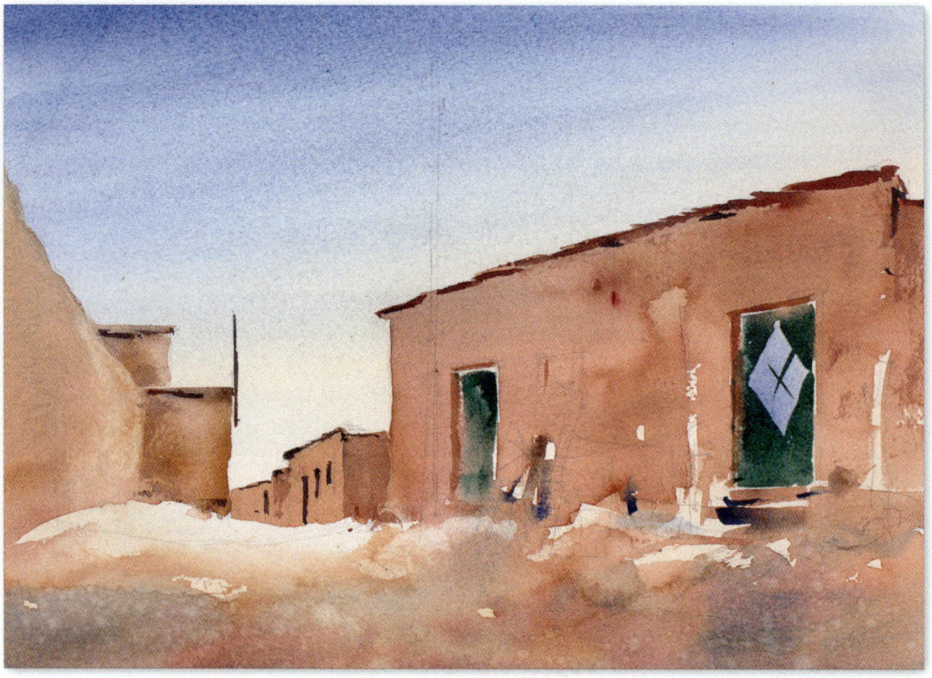

3. Schritt
Bereite auf deiner Palette eine große Pfütze Schattenfarbe aus Siena gebrannt, Alizarin-Karmesin und Französisch Ultramarin vor. Mit mehr Rot werden die Schatten wärmer und mit mehr Blau kühler. Beginne rechts oben am Haus mit einer wärmeren Mischung und werde nach unten hin kühler. Ziehe den Schatten über den Vordergrund und links an der Hauswand nach oben. Den Schatten des Strommasts nicht vergessen.

Warte auf den richtigen Moment und kratze den Zaun und die Steine ein, bevor du den Schatten über die hinteren Häuser legst.

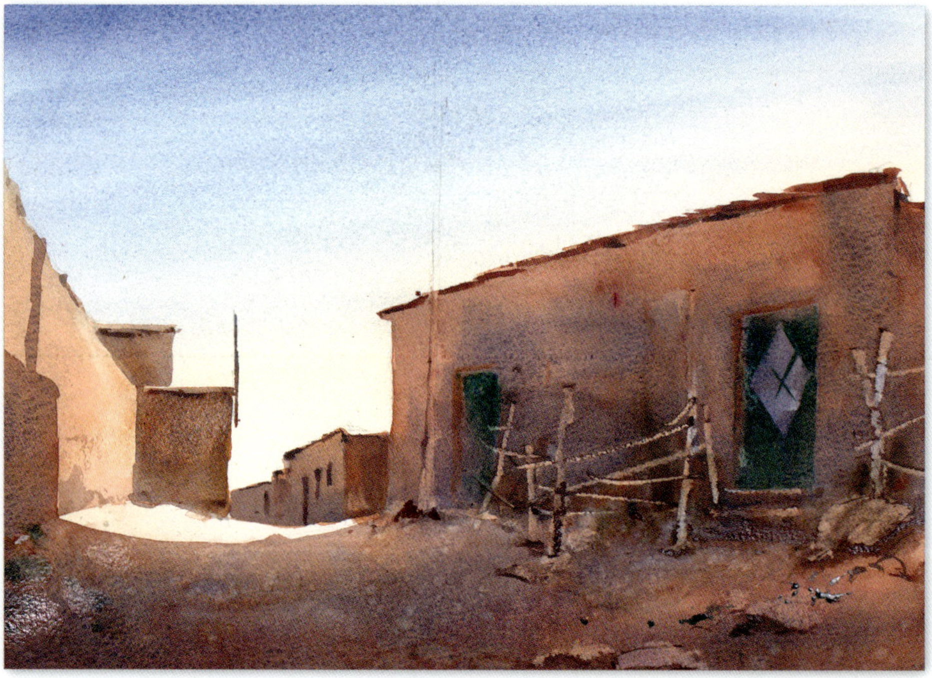

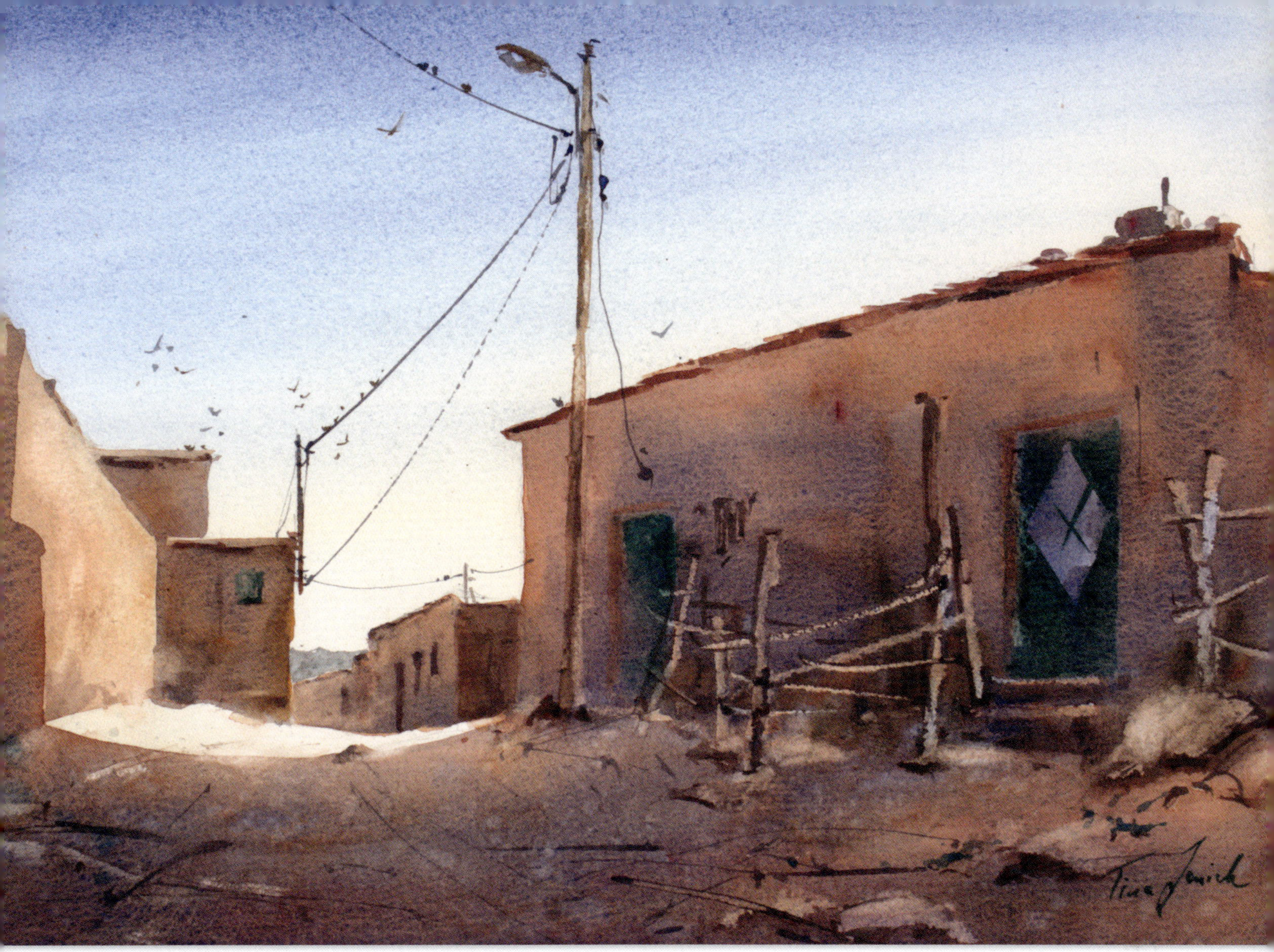

Fertiges Bild

Ist alles getrocknet, ergänze die kleinen Details. Male den Mast und setze oben eine Straßenlaterne an. Die Stromleitungen lassen sich hervorragend mit einem feinen Schlepperpinsel aufhängen. Lege die Hand dabei nicht auf das Papier, sondern ziehe die Schwünge aus dem Handgelenk ins Bild. Den Schlepper dabei im rechten Winkel zum Papier führen, sodass nur die Spitze das Blatt berührt.

Dem Zaun einige dunkle Akzente geben, ein paar Steine oder Äste auf dem Boden verteilen und einen Schornstein rechts auf das Haus setzen. Das Stückchen Berg im Hintergrund mit Siena natur und Coelinblau einfügen.

Auf den Steinoberflächen die Farbe leicht auswaschen. Nicht zu viel, sie sollen im Schatten bleiben, aber dennoch dreidimensional wirken. Mit Winsorgrün ein kleines Fenster in das Haus links hinten malen. Zuallerletzt die Vögel mit der Schlepperspitze ins Bild fliegen lassen oder auf die Stromleitung setzen.

Fichten

Du brauchst:

Aquarellpapier

- Arches Feinkorn, 300 g/m²

Aquarellfarben in

- Ultramarin
- Siena natur
- Siena gebrannt
- Grünoliv
- Chinacridongold

Malspachtel

Eventuell Maskierflüssigkeit

Pinsel s. S. 7

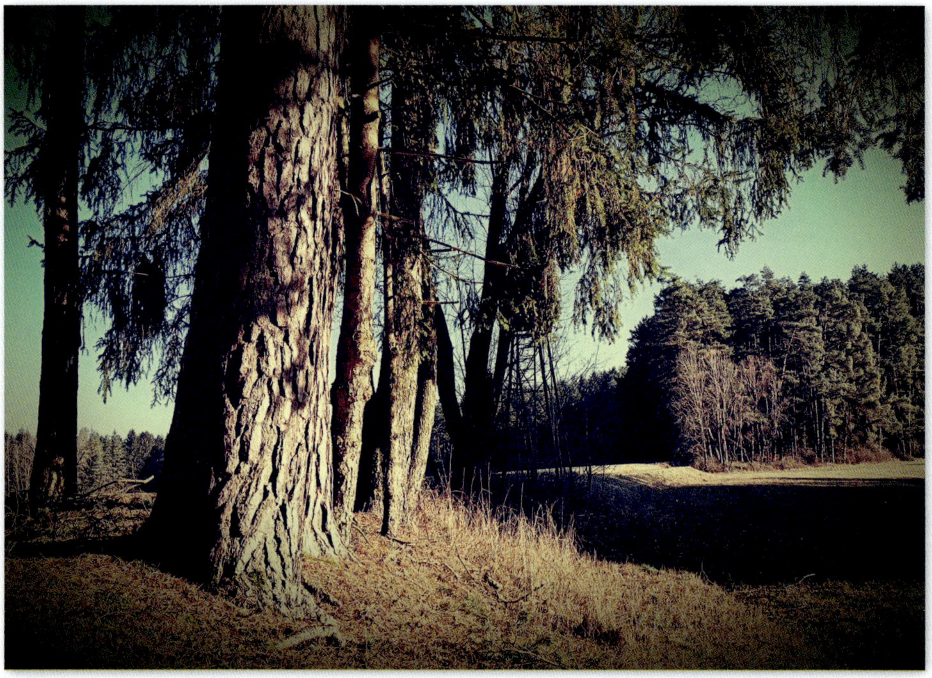

Manche Motive sind so einfach, dass man sie leicht übersieht. Auf einer Wanderung machte ich in der ersten Frühlingssonne Rast und sah mich um. Die Sonne stand noch tief, und die Schatten des Waldes auf der anderen Seite liefen über die ganze Wiese. Das Licht war zwar interessant, aber so ganz hat es mich nicht überzeugt. So spielte ich etwas mit dem Kreativmodus der Kamera herum. Der „Altmodisch"-Modus dunkelte die Szene von außen her ab und brachte das Licht auf den vorderen Bäumen voll zur Geltung.

Motiv-Vorlage

Jetzt war ich inspiriert. Eine Farbskizze im Skizzenbuch hielt das Motiv und die Stimmung zusätzlich fest. Vielfach mache ich gar kein Foto vom Motiv und arbeite nur von meinen Skizzen, die ich vor Ort angefertigt habe. So verringert sich auch die Gefahr, jede Kleinigkeit auf dem Foto ins Aquarell bringen zu wollen.

Das wahre Geheimnis des Erfolgs ist die Begeisterung.

Walter Percy Chrysler

Tonwertskizze

Sicherlich kannst du meine Tonwertskizze als Grundlage nehmen, aber damit hast du für dich selbst das Motiv nicht wirklich durchdacht. Es sind nur wenige Minuten, in denen du dich mit der Szene vertraut machst, dir genau die unterschiedlichen Abstände der Bäume, die Variation der herunterhängenden Äste, die Größe des Waldes im Hintergrund und natürlich die Lichtverhältnisse ins Bewusstsein holst. Wirkt die Komposition noch nicht, ergibt es für dich keinen Sinn, mit dem Aquarell zu beginnen.

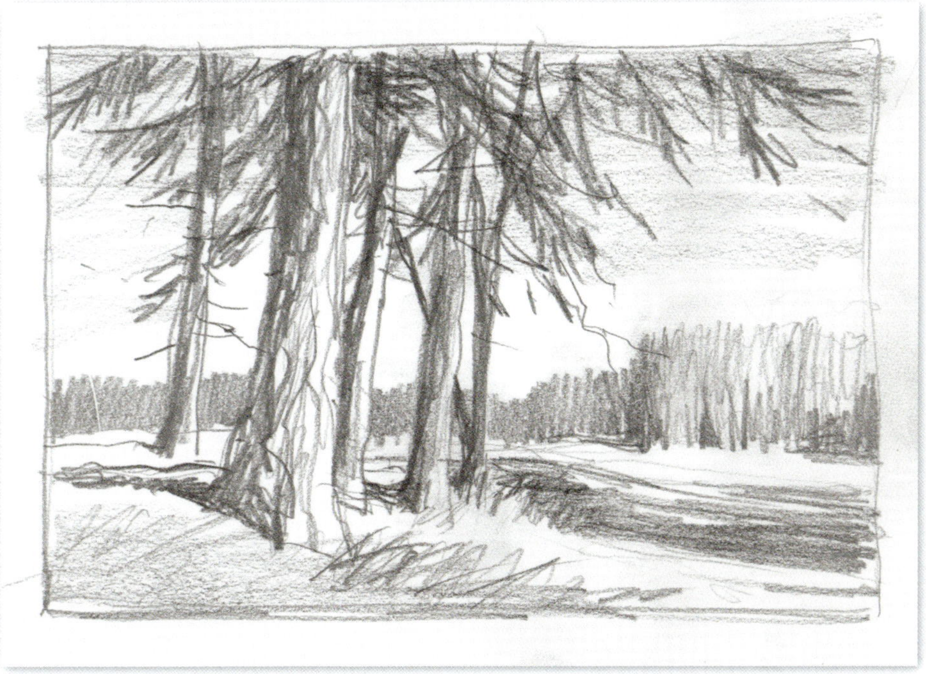

1. Schritt

Feuchte den Himmel mit klarem Wasser leicht an und beginne dann von oben her mit einer Lasur aus Französisch Ultramarin. Lasse die Farbe nach unten hin heller werden. Lege Siena natur in die Baumstämme sowie in die Fläche des Vordergrundes. Wenn die Farbe auf den Baumstämmen zu trocknen beginnt, kratze mit dem Malspachtel etwas Rindenstruktur ein. Wenn die beiden Farben oben ineinanderlaufen, ist es nicht so schlimm, denn es hängen später die Äste darüber. Male die Bäume ruhig etwas schief und krumm.

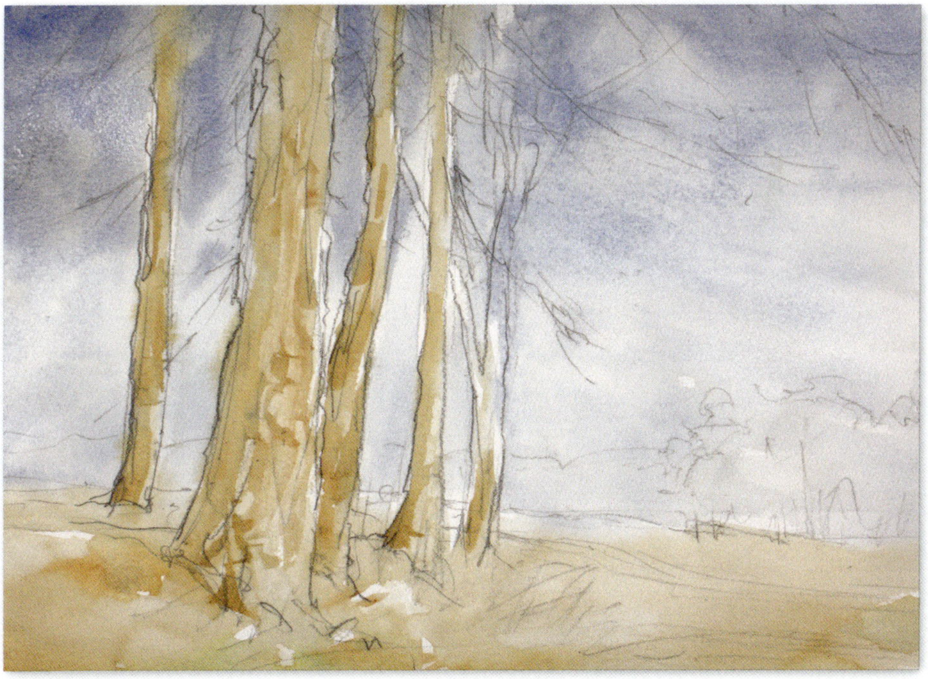

2. Schritt
Ist die Fläche trocken, male den Wald im Hintergrund mit einer Mischung aus Chinacridongold, Siena natur und Französisch Ultramarin. Nimm für die etwas größeren Bäume links mehr Gelb und weniger Blau. Lasse die Farben möglichst auf dem Papier ineinanderlaufen und deute unten am Wald einige kurze Stämme an. Mit Französisch Ultramarin und Siena gebrannt die schattigen rechten Seiten der Stämme malen. Den Schlepper für die feinen dunklen Linien der Rinde verwenden und nach Bedarf wieder kratzen.

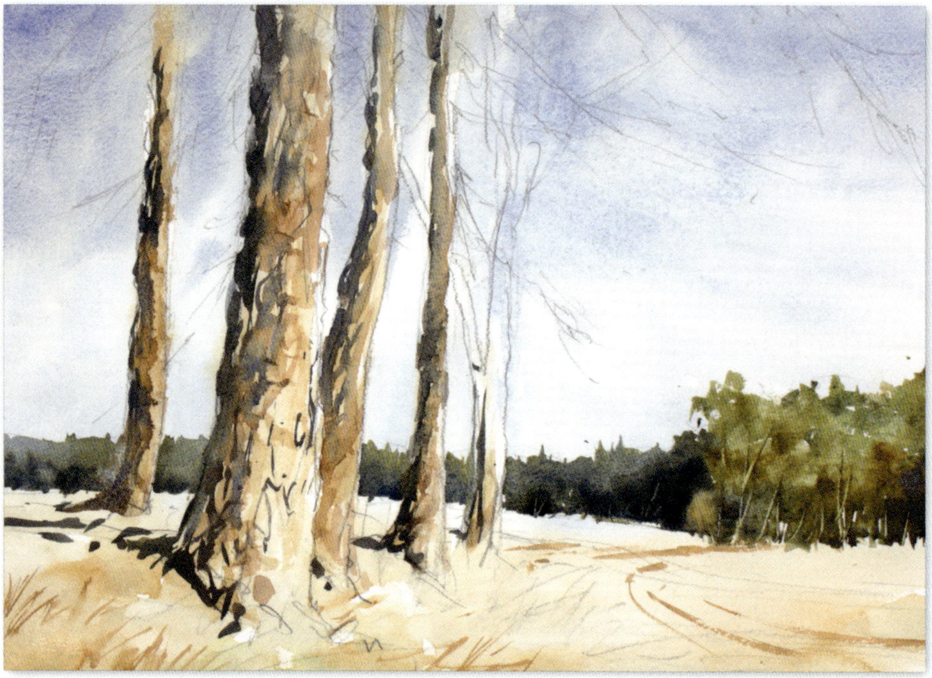

3. Schritt
Bevor du nun die nadeligen Äste malst, probiere vorher auf dem gleichen Papier aus, mit welchem Pinsel dir die Nadel-Struktur am besten gelingt. Verwende eine sehr pastose Mischung aus Französisch Ultramarin, Grünoliv und Chinacridongold. Damit die Struktur gelingt, muss die Farbe dunkel genug und fast trocken sein. Ich habe hier einen Fächerborstenpinsel verwendet und auch die Haare des Flachpinsels mit den Fingern auseinandergedrückt. Ändere jeweils die Richtung der Äste.

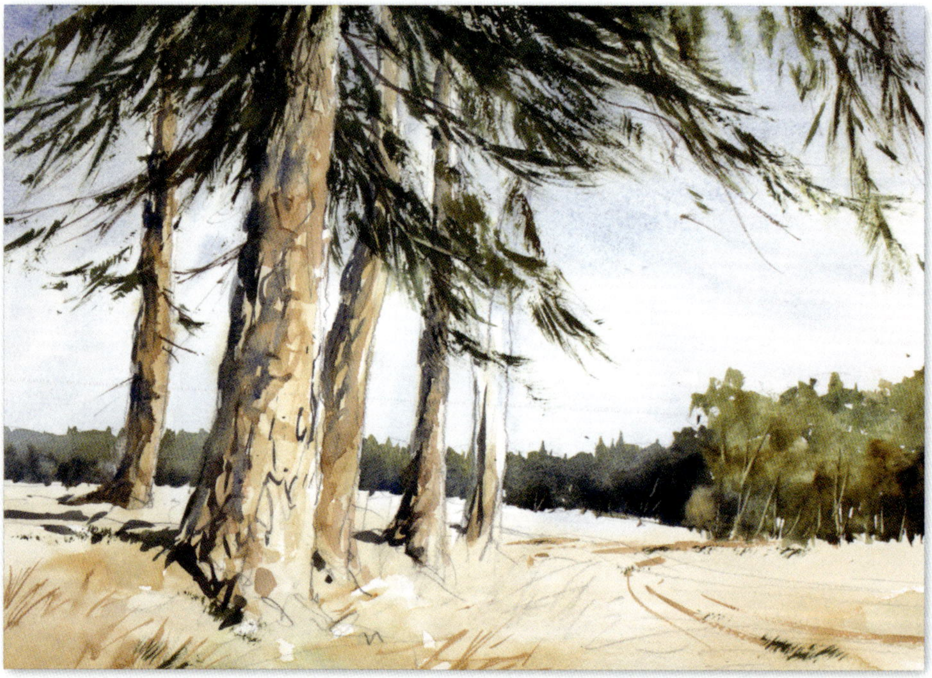

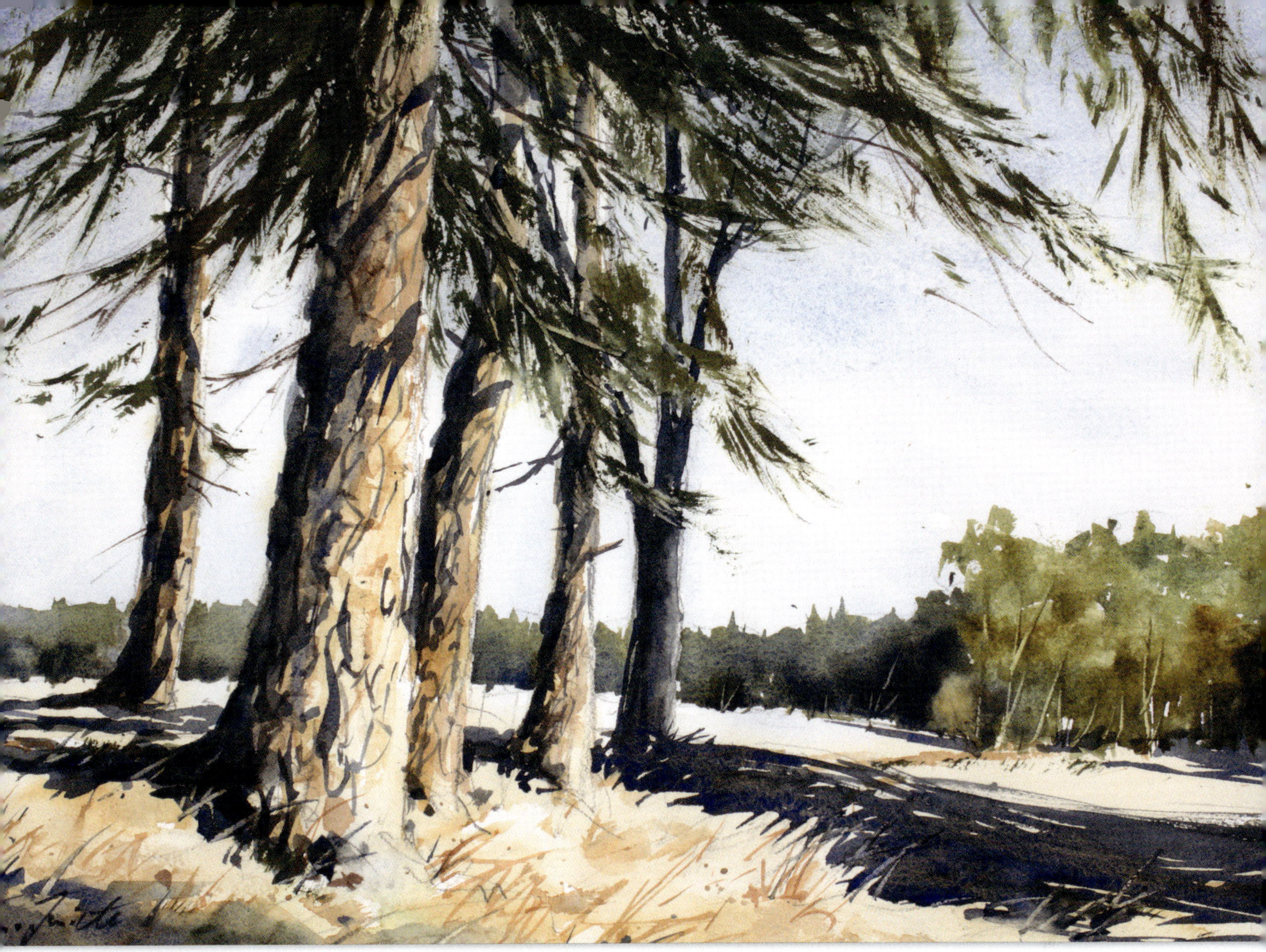

Fertiges Bild
Jetzt kommt der spannende Moment, in dem du die Sonne aufgehen lässt. Nur Mut, es kann nur schiefgehen. Zaghaft lassen sich große Schattenflächen nur schwer malen. Wenn du Bedenken hast, die hellen Gräser vor der Schattenfläche zu verlieren, verwende hier Maskierflüssigkeit.

Die Schattenfarbe besteht aus Französisch Ultramarin, etwas Siena gebrannt und einem Hauch Grün. Male zuerst die kleinen Schattenflächen auf den Baumstämmen und nach links über die Wiese auslaufende Schattenfälle. Wage dich dann an den großen Schatten, der von rechts ins Bild fällt. Sofern du keine Maskierflüssigkeit verwendet hast, spare dabei die Gräser negativ aus und ziehe den Schatten bis in den hintersten dunklen Baum. Hängen Äste davor, sieht man diesen Baum nur durch die Lücken im Grün.

Lege ganz links in der Ecke ebenfalls eine kleine Schattenfläche an und kratze hier und da mit dem Malspachtel ein paar Gräser heraus. Abschließend mit dem Schlepper und Siena natur einzelne Gräser im Vordergrund wachsen lassen.

Gegenlicht

Griechische Kirche

Du brauchst:

Aquarellpapier

- Arches Grobkorn, 300 g/m²

Aquarellfarben in

- Lasurorange
- Alizarin-Karmesin
- Französisch Ultramarin

Maskierflüssigkeit

Pinsel s. S. 7

Ein Motiv zu malen, das vollständig im Schatten liegt, ist eine spannende Herausforderung. Sicherlich sind die Schatten in Wirklichkeit nicht so farbenfroh wie in meinem Bild, aber es geht hier nicht darum, die Wirklichkeit naturgetreu zu kopieren, sondern eine eigene künstlerische Aussage über das Motiv zu treffen. Hier bringen nicht nur die kontrastreichen Tonwerte die Kirche zum Leuchten, sondern auch die Komplementärfarben Blau und Orange. Im Gegensatz zum kühlen Himmel dominieren im Schatten eher die warmen Farben.

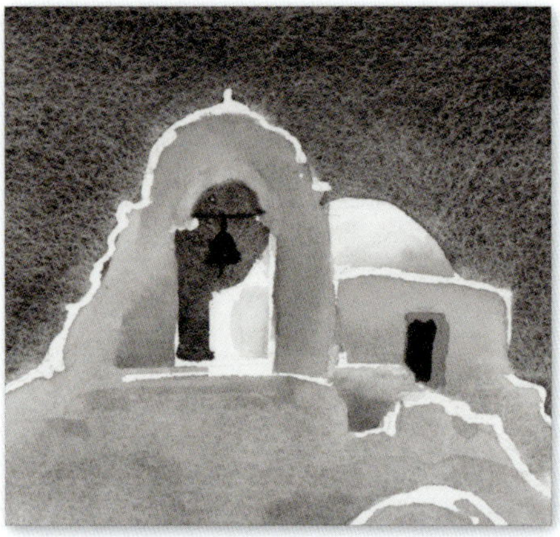

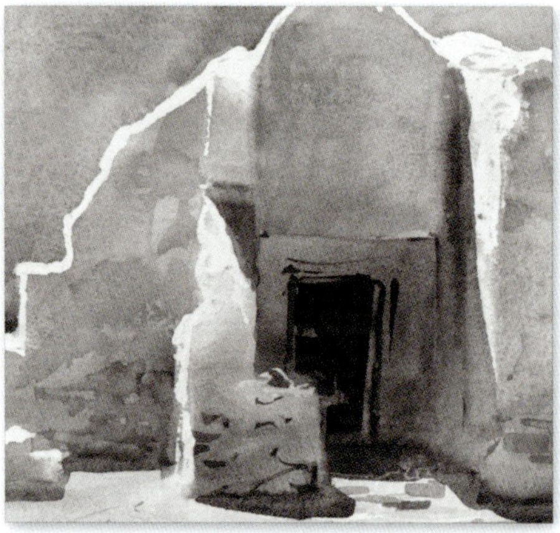

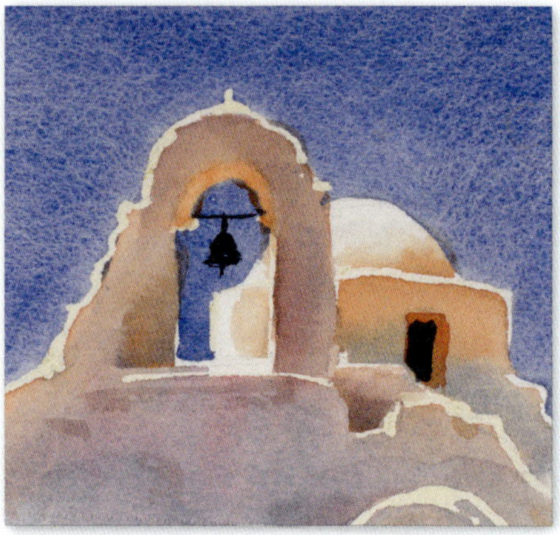

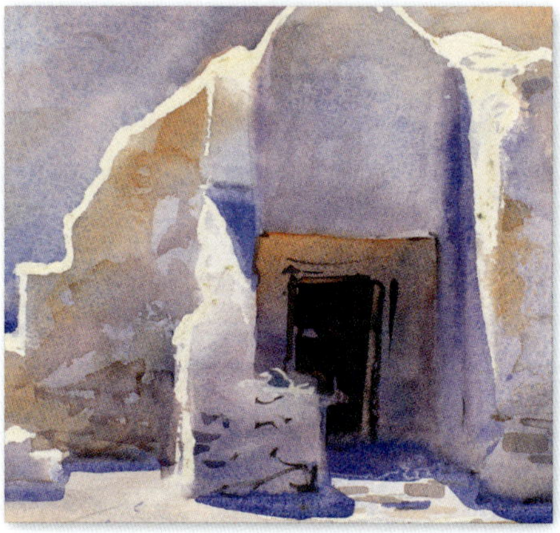

Ausschnitt 1
Auf den ersten Blick mögen die Tonwerte ähnlich wirken, aber in der Schwarzweiß-Darstellung sieht man sehr gut, wie kräftig der Himmel gegenüber dem Glockentürmchen ist. Lasurorange ist oben an der Kuppel nur sehr zart und pur aufgetragen, um den Kontrast nicht zu verlieren. Die weißen Mauerkanten bringen zusätzliches Licht ins Spiel.

Ausschnitt 2
Innerhalb einer Schattenfläche sind die Tonwertsprünge nicht sehr groß, doch kann man hier gut mit dem Spiel von Warm und Kalt und verschiedenen Farbigkeiten die Flächenwechsel andeuten. Sieht man sich diesen Ausschnitt in Schwarzweiß an, sind die Tonwerte annähernd gleichwertig, und die klaren Mauerlinien gehen verloren. Nur die Tür hebt sich wesentlich ab.

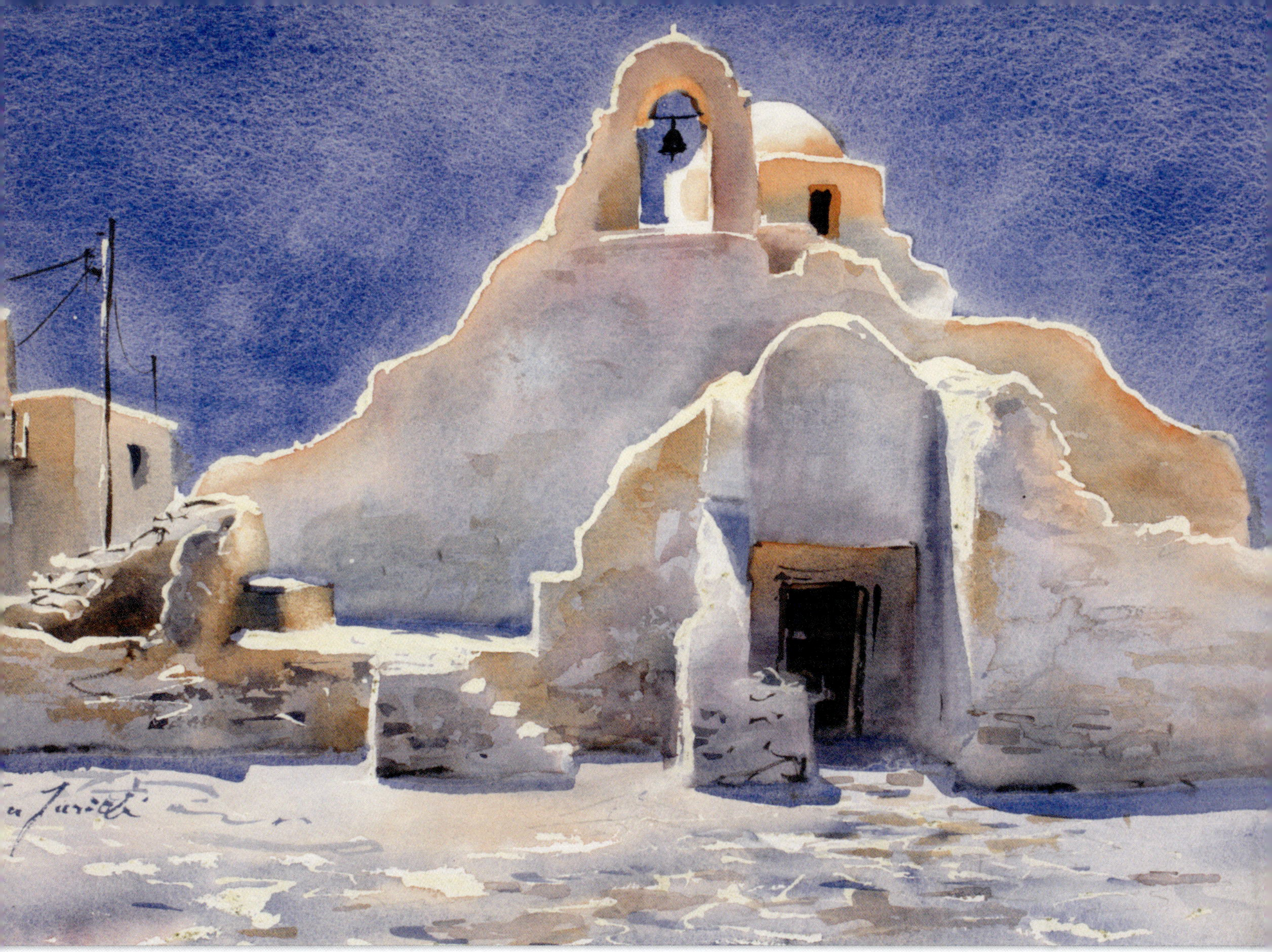

Vorgehensweise
Trage auf alle nach oben zeigenden Mauerkanten Maskierflüssigkeit auf. Um zu wissen, wie dunkel der Himmel im Verhältnis zur Schattenfläche werden soll, ist es ratsam, hier mit den Schatten zu beginnen. Starte mit Lasurorange oben an den Lichtkanten, gehe dann in Alizarin-Karmesin über und füge Richtung Boden mehr Französisch Ultramarin hinzu.

Achte darauf, Lasurorange und Französisch Ultramarin nicht zu sehr zu vermischen, denn als Komplementärfarben ergeben die beiden Braun. Unter dem Türeingang mehr Lasurorange verwenden. In den kurzen Schlagschatten auf dem Boden überwiegt Französisch Ultramarin. Feuchte die Bodenfläche leicht an und setze die drei Farben nebeneinander auf das Papier.

Den Himmel ebenfalls anfeuchten und mit Französisch Ultramarin kolorieren. Den Durchblick im Glockentürmchen nicht vergessen. Sowie alles gut getrocknet ist, die Maskierflüssigkeit abrubbeln. Nun Französisch Ultramarin mit Lasurorange vermischen und damit die dunklen Akzente setzen: Fenster, Türen, Glocke, Balkon links am Haus, Mauerstrukturen und Strommast.

Kleine Werft

Du brauchst:

Aquarellpapier
- Arches Feinkorn, 300 g/m²

Aquarellfarben in
- Siena natur
- Siena gebrannt
- Kadmiumrot mittel
- Französisch Ultramarin
- Coelinblau

Malspachtel

Eventuell Maskierflüssigkeit

Pinsel s. S. 7

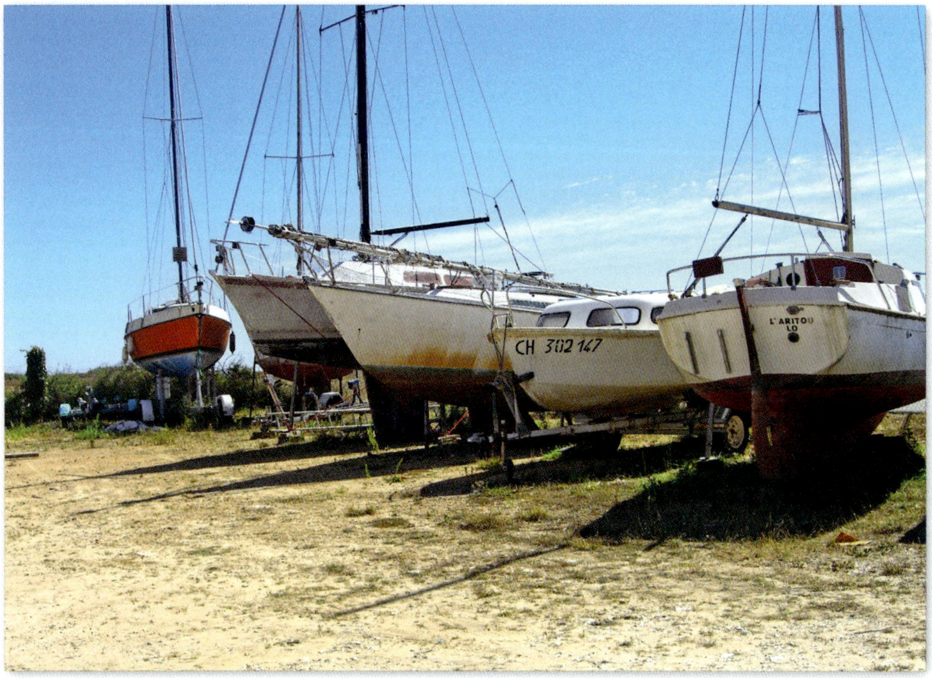

In einer kleinen Werft in Frankreich stehen die Boote aufgebockt bereit, um für die nächste Saison fit gemacht zu werden. Boote außerhalb des Wassers ergeben häufig spannendere Motive, als wenn sie im Wasser schwimmen.

Motiv-Vorlage

Für eine interessante Komposition sollte man möglichst eine ungerade Anzahl Boote wählen, das wirkt stimmiger. Bei mehr als neun Objekten zählt der Betrachter in der Regel nicht mehr und dann spielt es keine Rolle, ob man 14 oder 15 Boote malt. Wenn du Schwierigkeiten hast, die Formen der Boote zu erfassen, male nur drei oder sogar nur ein Boot. Interessant ist hier das Licht, das von rechts hinten ins Bild fällt. Somit sind fast alle dem Betrachter zugewandten Seitenflächen im Schatten. Die Sonne scheint nur auf die oberen Bootsflächen und auf die Seite des roten Bootes links. Rechts vom roten Boot versteckt sich noch ein weiteres. Insgesamt sind es also sechs Boote, doch dieses kann man gut weglassen. Damit wird der Weg frei, damit das Sonnenlicht auch auf die rechte Seite des roten Bootes fallen kann.

Tonwertskizze
In der Tonwertskizze kannst du dich mit den Formen der Boote vertraut machen. Der Himmel muss dunkel genug sein, um das Licht auf den Booten zu zeigen, darf aber nicht genauso dunkel sein wie die Schattenflächen. Studiere die Schatten der Boote und ihre Richtungen genau, damit du sie später ohne großes Nachdenken platzieren kannst. Der Arbeiter bringt mehr Leben ins Bild und etabliert einen klaren Fokuspunkt. Anstatt einer Person könnte man genauso eine Kiste mit Ausrüstung einfügen.

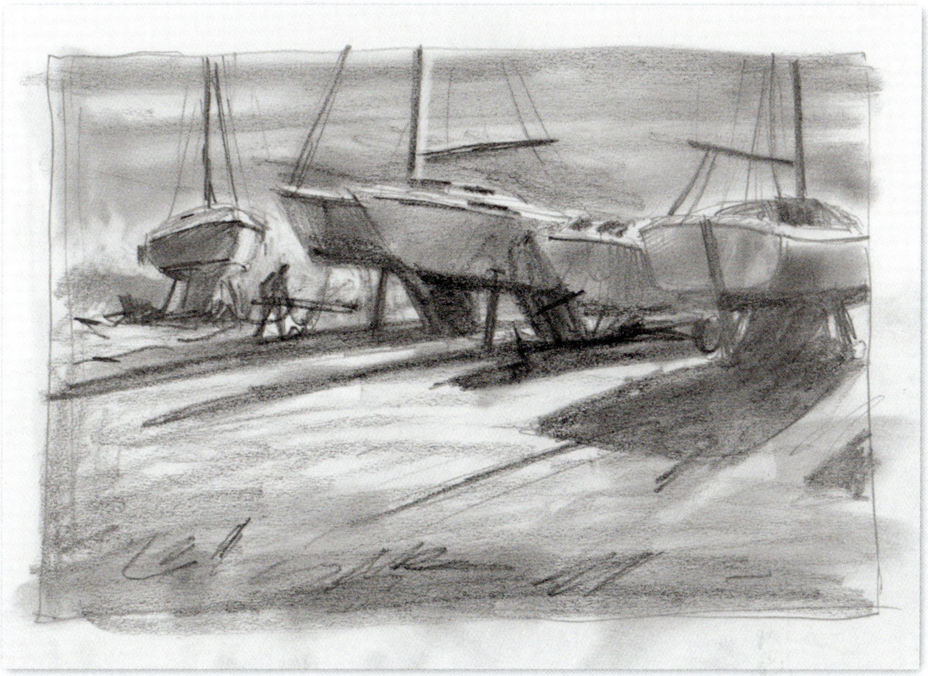

1. Schritt
Feuchte den oberen Teil des Bildes mit klarem Wasser an. Beginne am Horizont mit Siena natur, ziehe es in die Schattenflächen der Boote und dann weiter nach oben in den Himmel. Spare dabei die Oberseiten der Boote aus. Wenn du noch nicht so viel Erfahrung mit dem Aquarell hast, kannst du hier auch Maskierflüssigkeit einsetzen. Dann von oben her Französisch Ultramarin in den Himmel malen. Siena natur darf durchscheinen. Das Grün der Büsche aus beiden Farben mischen und möglichst für weiche Konturen auf das noch feuchte Papier malen.

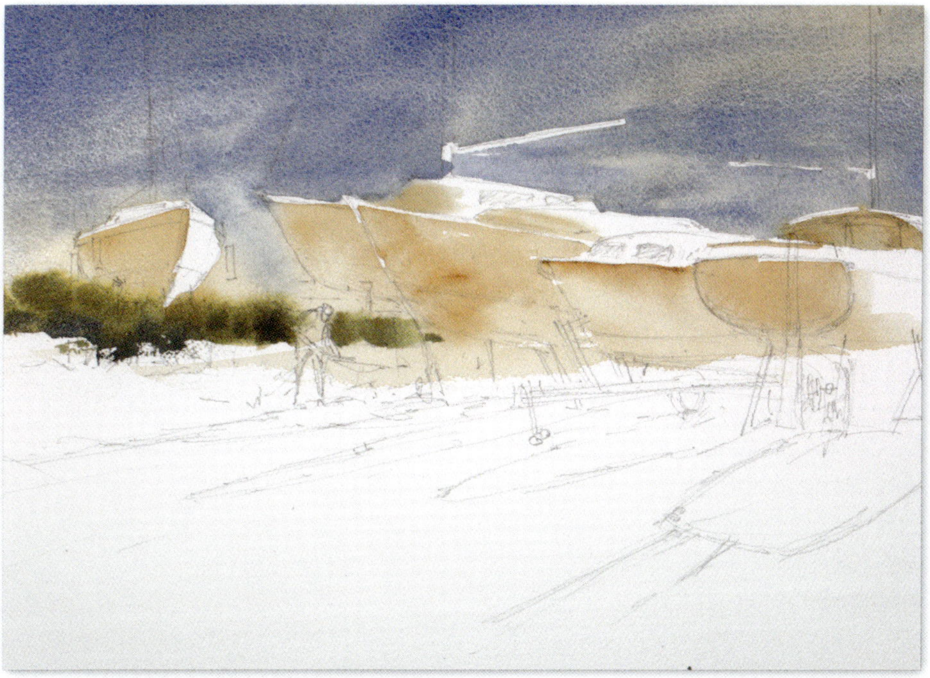

2. Schritt
Ist der Himmel noch leicht feucht, kannst du versuchen, die Masten der Boote und die eingerollten Frontsegel mit dem Malspachtel auszukratzen. Den Vordergrund ebenfalls mit Siena natur anlegen, aber auch weißes Papier stehen lassen. Die Farbe oben heller und nach unten kräftiger werden lassen. Etwas Französisch Ultramarin in das feuchte Siena natur spritzen. Mit der Farbmischung der Büsche im Hintergrund auch das Gras unter den Booten und vereinzelte Grasbüschel im vorderen Bildbereich wachsen lassen.

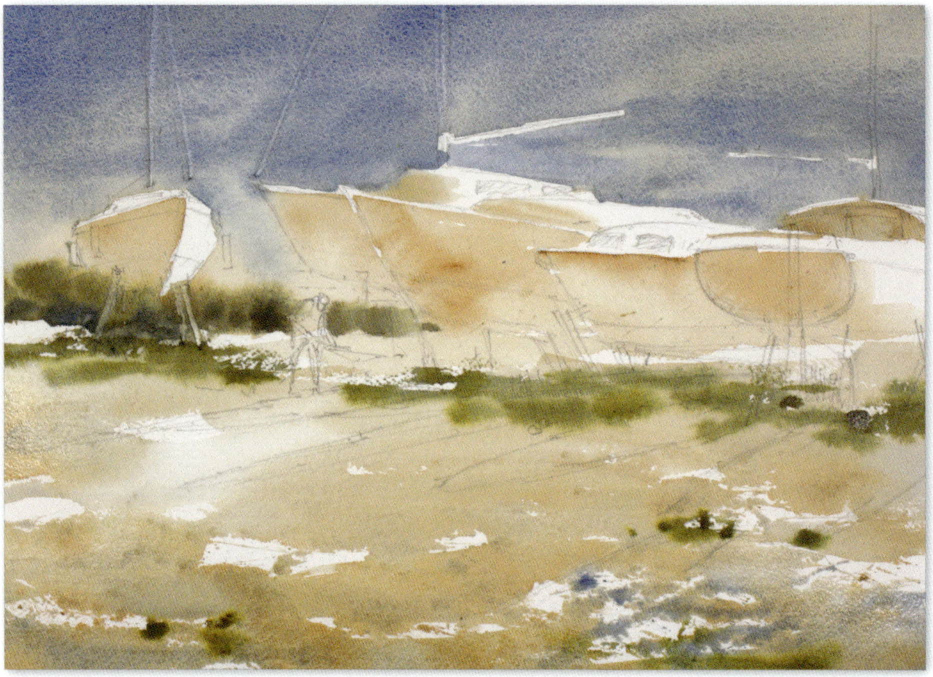

3. Schritt
Zeit für die Details der Boote. Variiere die Farben der Bootsrümpfe mit ihren Finnen. Bei der Dekoration und Farbwahl kannst du deiner Kreativität innerhalb der gegebenen Palette freien Lauf lassen. Französisch Ultramarin und Siena gebrannt ergeben ein lebendiges Dunkel für die Masten, Fenster und Stützpfosten. Verwende für die Takelage einen feinen Schlepperpinsel und male sie frei aus dem Handgelenk. Mit Siena gebrannt etwas Rost auf die Bootsrümpfe setzen. Möchtest du einen Arbeiter engagieren oder eher nicht?

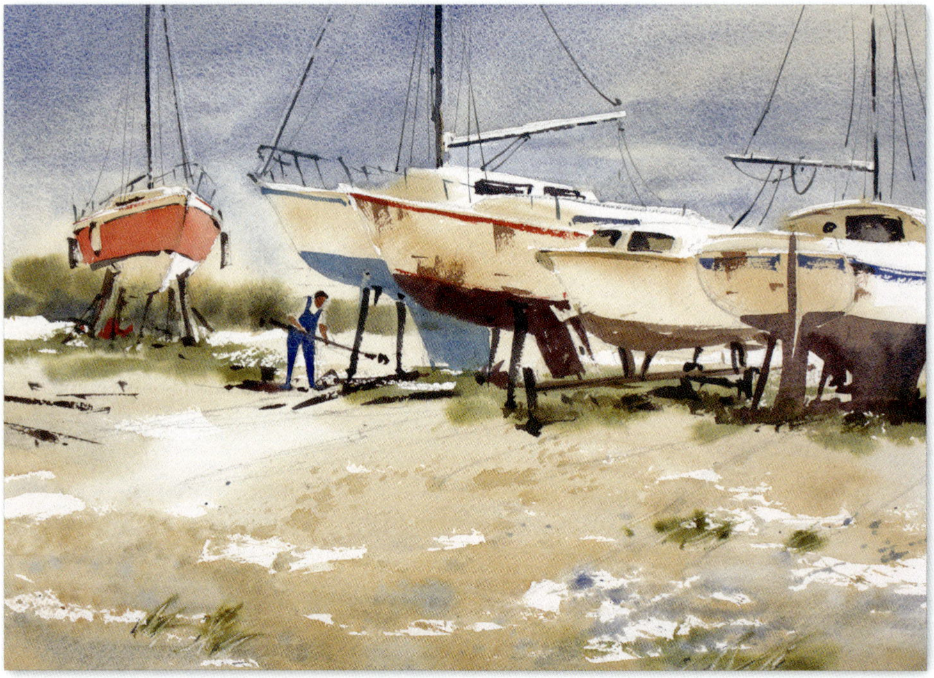

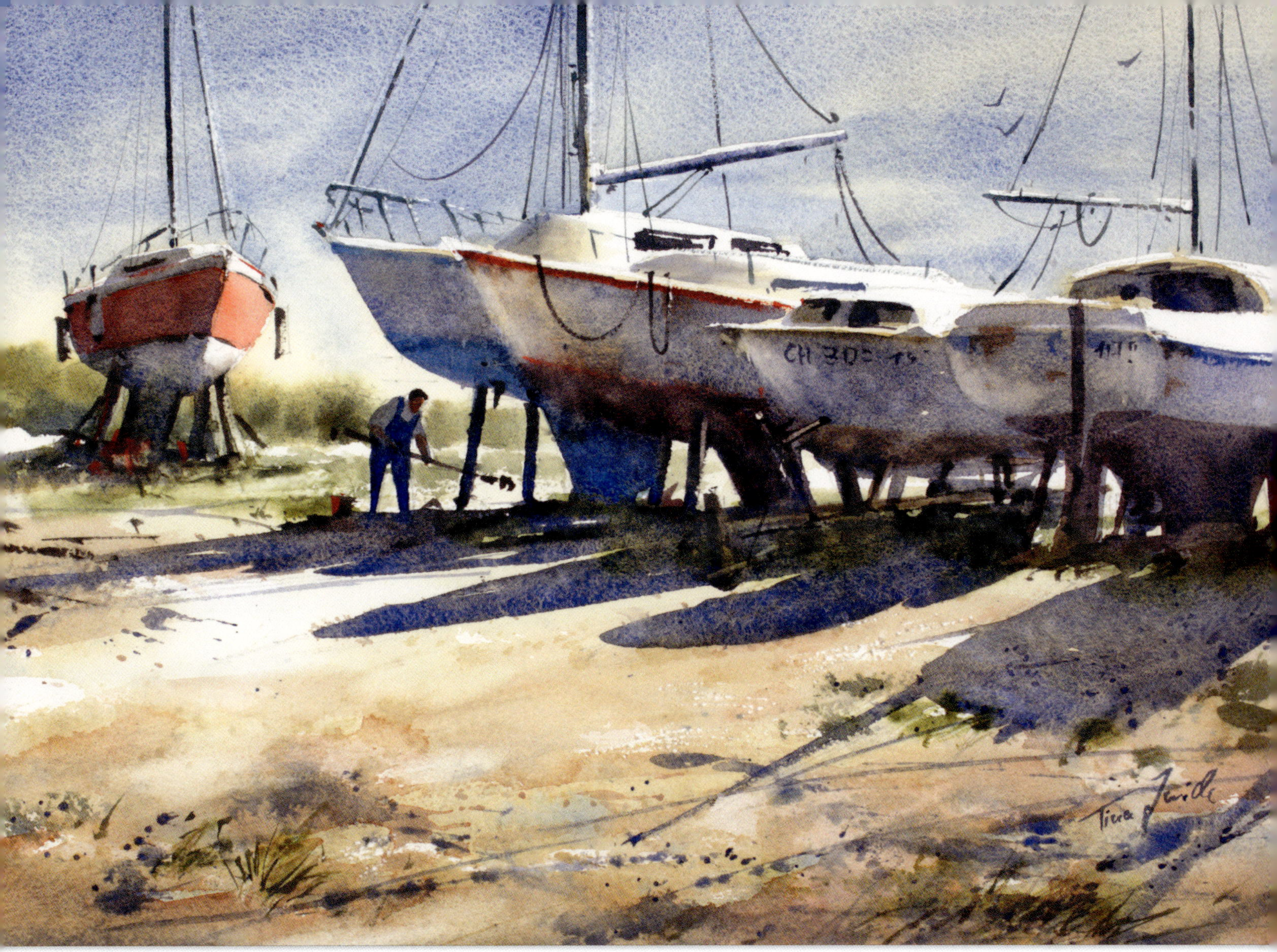

Fertiges Bild

Da fast alle Bootsrümpfe im Schatten liegen, ist es nötig, eine größere Menge an Schattenfarbe auf deiner Palette vorzubereiten. Verwende dafür das Blau des Himmels, also Französisch Ultramarin, und töne es mit Kadmiumrot ab. Nimm nur wenig Rot, da es sehr deckend und kräftig ist. Beginne mit dem roten Boot links oben und ziehe den Schatten nach unten auf den Boden und nach links weg. Passen die Farbe und die Konsistenz des Schattens, nimm mutig die große Fläche in Angriff. Lege die Schattenfarbe zuerst in die Seiten der Boote, ziehe sie dann über die Finnen und Stützpfosten nach unten und lasse sie in die Schlagschatten auf dem Boden auslaufen. Beachte dabei die Richtung des Schattenwurfes.

Wenn du einen Arbeiter unter das Boot gestellt hast, steht auch er im Schatten. Spritze etwas Schattenfarbe in den Vordergrund, und falls die Ränder zu scharfkantig sind, setze die Sprühflasche ein, um sie teilweise aufzulösen. Eventuell noch ein paar einzelne Gräser oder Vögel ins Bild bringen.

Paraty, Brasilien

Du brauchst:

Aquarellpapier
- Arches Grobkorn, 300 g/m²

Aquarellfarben in
- Lasurorange
- Alizarin-Karmesin
- Chinacridongold
- Französisch Ultramarin

Malspachtel

Eventuell Maskierflüssigkeit

Pinsel s. S. 7

Die Altstadt von Paraty mit seinen weißen Häusern, bunten Türen und Fenstern ist ein Malerhimmel.

Brasilien liegt auf der Südhalbkugel, daher ist dort der Verlauf der Sonne ganz anders als in Deutschland. Die Sonne geht im August sehr steil im Norden auf und abends im Norden wieder unter. Die Regeln von Lichtwinkel und Lichtrichtung ändern sich dadurch aber nicht.

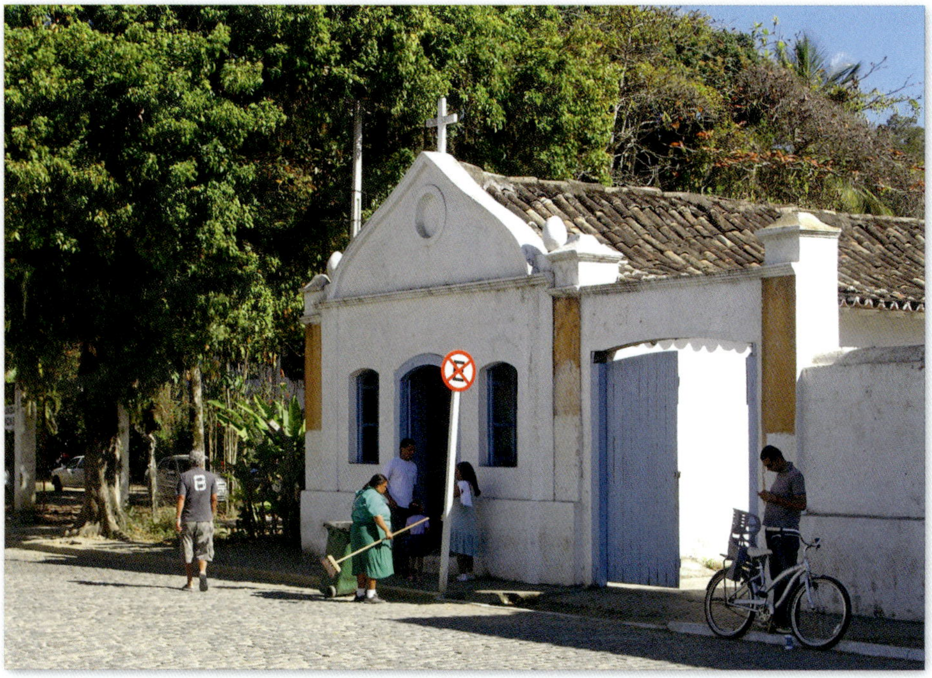

Motiv-Vorlage
Fertige eigenständig eine Tonwertskizze des Motivs an. Wenn dir die Figuren zu schwierig erscheinen, lasse sie weg und konzentriere dich auf das Gebäude. Wichtig ist hier, den Lichteinfall durch das geöffnete Tor zu verstehen und somit auch die Form des entstehenden Schattens. Auf dem Foto sind die Türen nur leicht geöffnet. Öffne sie ganz und lasse das Licht hindurchfallen.

Bilder müssen wundersam sein: Sobald eines fertig ist, ist die Intimität zwischen der Schöpfung und dem Schöpfer beendet.

Mark Rothko

1. Schritt
Lasse mit lockerem Pinselschwung etwas helles Französisch Ultramarin in die Himmelsfläche laufen und lege einen blauen Farbklecks auf den Mann links im Hintergrund. Die Dachziegel in Lasurorange malen und, falls sie zu leuchtend geworden sind, mit Französisch Ultramarin abtönen. Mit derselben Farbe die Tür- und Fensterlaibungen, den Sockel hinten am Gebäude, die linken Flächen der Säulen und die Bäume grundieren. Wenn du Figuren ins Bild bringst, dann gib auch ihnen eine Hautfarbe in Lasurorange, das du mit einem Hauch Französisch Ultramarin abtönst.

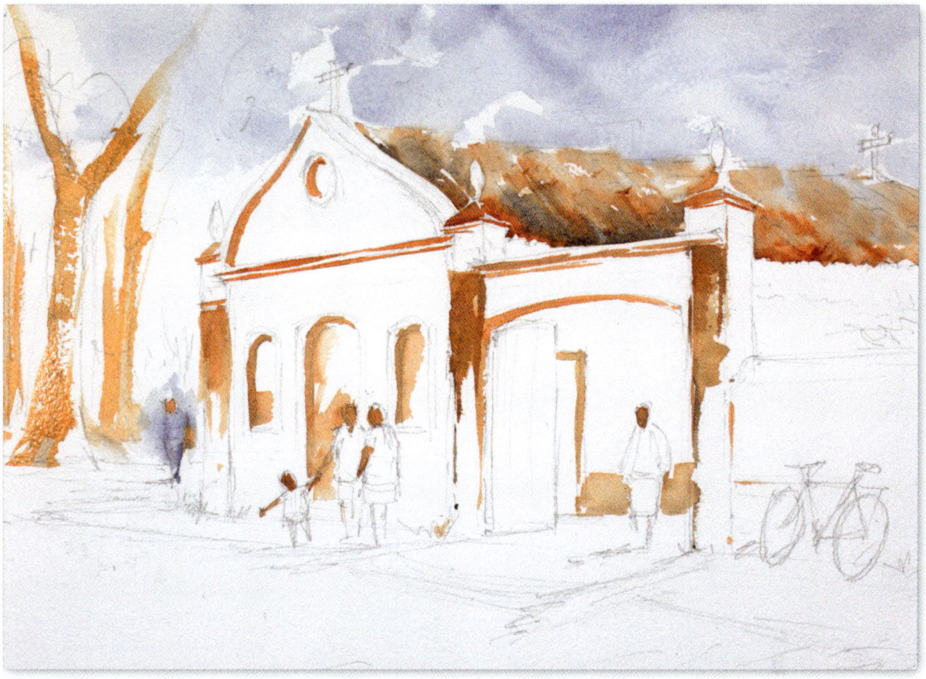

2. Schritt
Weiter geht es mit Chinacridongold und Französisch Ultramarin für das Laub der Bäume. Vielleicht fällt es dir leichter, wenn du die Kreuze und Kugeln auf dem Dach und den Säulen vorher mit Maskierflüssigkeit abdeckst. Lasse beide Farben auf dem Papier ineinanderlaufen und übermische sie nicht auf der Palette. Das Grün muss dunkel genug werden, um das Gebäude optisch nach vorn zu bringen. An den Hausecken Grasbüschel wachsen lassen und in den Vordergrund mit dem Pinsel etwas Lasurorange und Französisch Ultramarin spritzen.

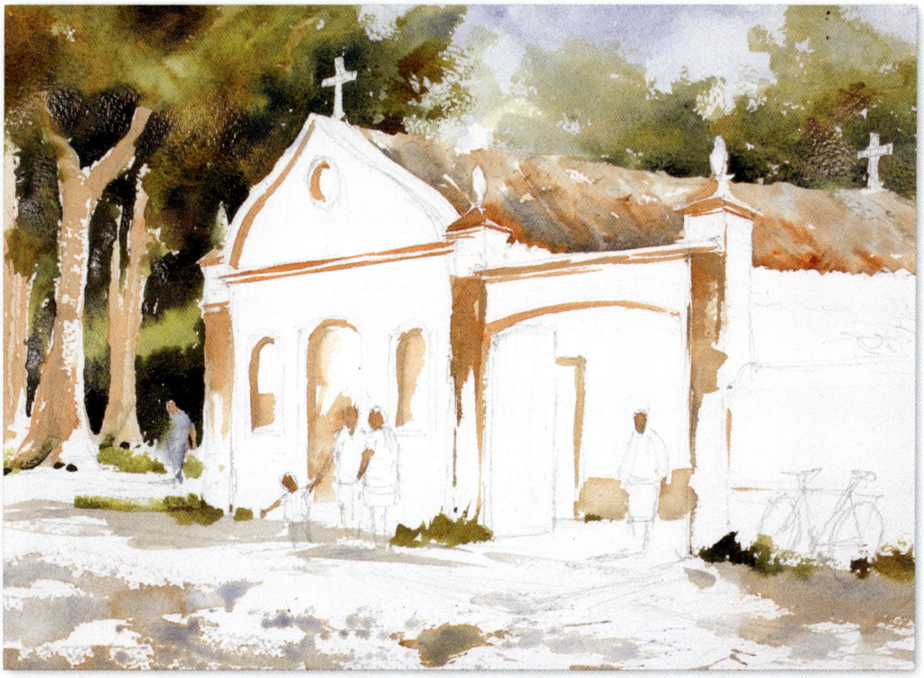

3. Schritt
Mit der Grünmischung aus dem vorherigen Schritt die Fenster- und Türumrandungen malen sowie den geöffneten Torflügel. Dort mit dem Malspachtel die Bretter einkratzen. Die dunklere Tür hinter dem Torflügel hervorschauen und noch einen kleinen Busch über die Mauer rechts ragen lassen. Wähle für die Dame im Tor eine Jacke in Lasurorange und einen grünen Rock. Orange, Grün und Ultramarin finden sich auch in der Kleidung der kleinen Familie wieder. Für mehr Tiefe eine dunkle Kante unter das Dach malen.

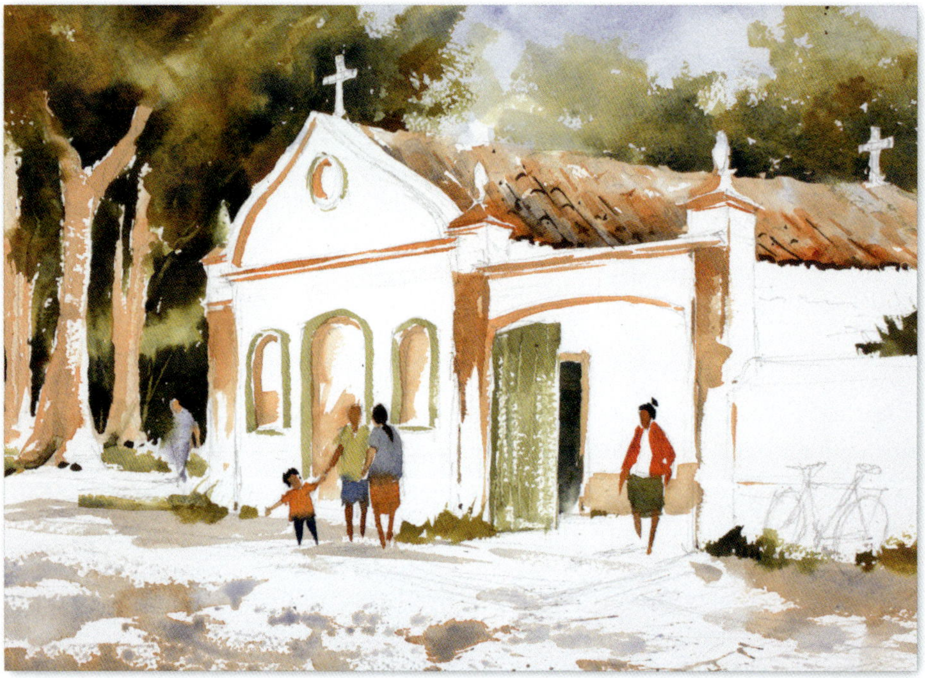

4. Schritt
Mische für den Schatten eine ausreichende Menge Farbe aus Französisch Ultramarin und Alizarin-Karmesin an. Beginne oben am Giebel mit Lasurorange und führe den Schatten mit der Lila-Mischung weiter über die Familie und unten am Boden nach links. Sofort in einer fließenden Lasur den Schatten des Bogens und der kleinen Mauer rechts anschließen. Dann einen Schatten unter das Dach legen und etwas Lila über die Bäume ziehen. Eine Schattenlasur über die Dame im Tor legen, die in ihren Schlagschatten auf dem Boden übergeht.

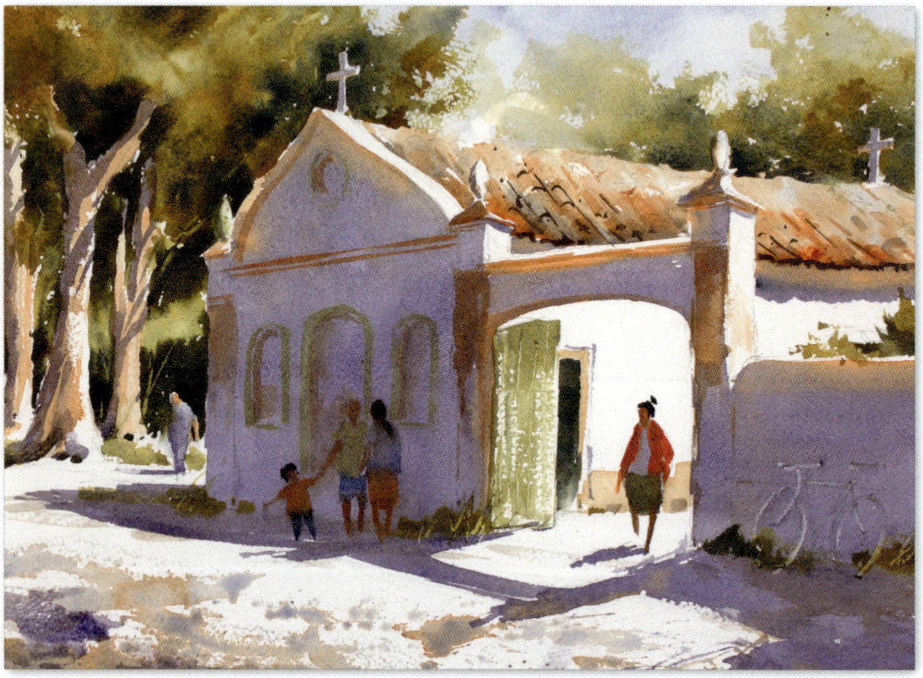

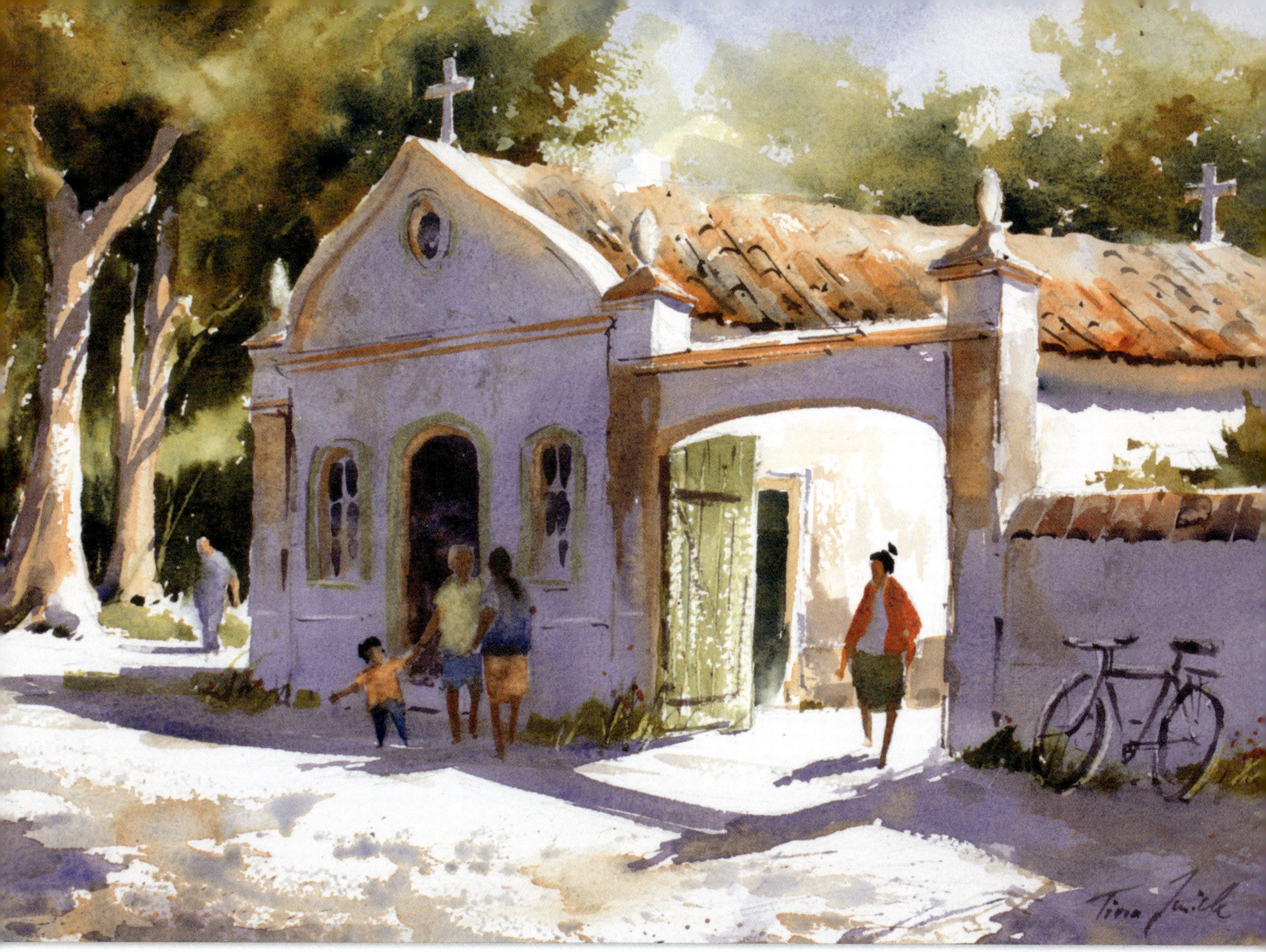

Fertiges Bild

Im letzten Schritt die Szene mit Details dekorieren. Ein Fahrrad rechts vor der Mauer bricht deren langweilige Form auf. Hier könnten auch höhere Blumen wachsen. Auf die kleine Mauer Dachziegel legen, das wiederholt die Struktur des großen Dachs. Mit einer Mischung aus Lasurorange und Französisch Ultramarin und dem Schlepper einige Dunkelheiten an die Mauerkanten, die Dachziegel und an die Flügeltür setzen. Zu der Dunkelmischung noch Alizarin-Karmesin hinzugeben und die Fensterscheiben einsetzen. Durch die Dunkelheit in der Türöffnung ist der Mann gut zu erkennen, obwohl er im Schatten steht. Hast du sein T-Shirt vorher zu dunkel gemalt, kannst du vorsichtig etwas Farbe herauswaschen.

Licht und Schatten auf Schnee

Erster Schnee

Du brauchst:

Aquarellpapier
- Arches Grobkorn, 300 g/m²

Aquarellfarben in
- Preußischblau
- Winsorgrün
- Alizarin-Karmesin
- Siena gebrannt

Malspachtel

eventuell Cutter

Sprühflasche mit Wasser

Pinsel s. S. 7

Licht und Schatten in Schneeszenen sind besondere Herausforderungen. Schnee ist gefrorenes Wasser, also eigentlich farblos. Verdichtet erscheint uns Schnee zwar weiß, aber er reflektiert dennoch die Farben der Umgebung, vor allem die des Himmels. Schnee kann also fast jede Farbe annehmen, von kühlem, morgendlichem Blau bis zum warmen Rot des Sonnenuntergangs.

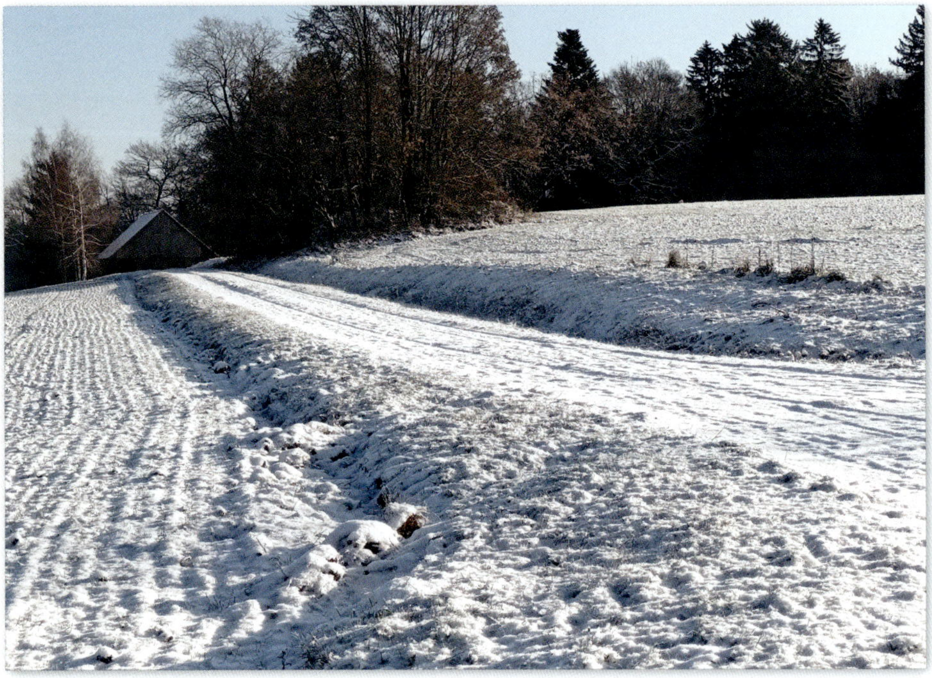

Motiv-Vorlage

Das Foto entstand an einem frostigen Wintermorgen im schönen Frankenland, und die dominierende Schattenfarbe ist Blau. Leider gab es nicht so viel Schnee, wie ich gerne gehabt hätte, aber als Motiv-Vorlage genügt es. Gegenüber dem Fotografen, der sich mit dem begnügen muss, was er vorfindet, kann man es als Maler einfach etwas mehr schneien lassen.

Tipp: Große, eher langweilige Flächen im Vordergrund lassen sich durch Schlagschatten von Bäumen, Strommasten oder anderen Objekten, die sich außerhalb der Komposition befinden, gut auflockern.

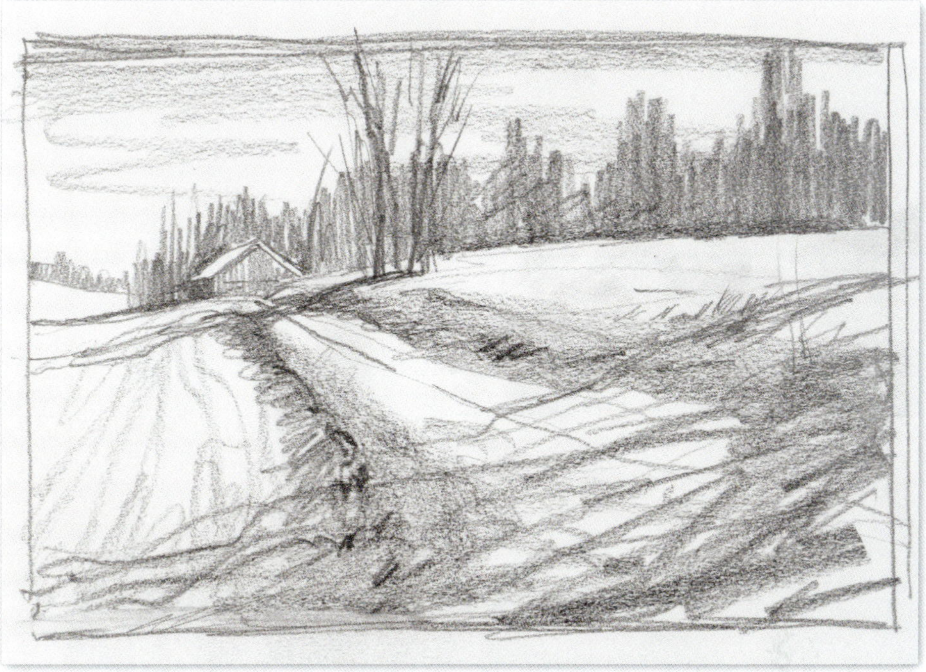

Tonwertskizze
Die Holzhütte steht gut im Goldenen Schnitt. Der Weg und die begleitenden Schatten führen ideal zum Fokuspunkt der Hütte. Allerdings steht die Hütte auf dem Foto im Schatten und ist dadurch kaum zu erkennen. Rücke sie also ins rechte Licht und lasse auch davor etwas Sonne auf den Weg fallen. Die Schatten der Bäume, die rechts außerhalb des Bildbereichs stehen, brechen die Fläche des Vordergrunds auf und definieren durch ihre Form den abfallenden Hang. Gleichzeitig bilden sie eine Gegendiagonale zum Weg und leiten das Auge des Betrachters wieder zurück nach links.

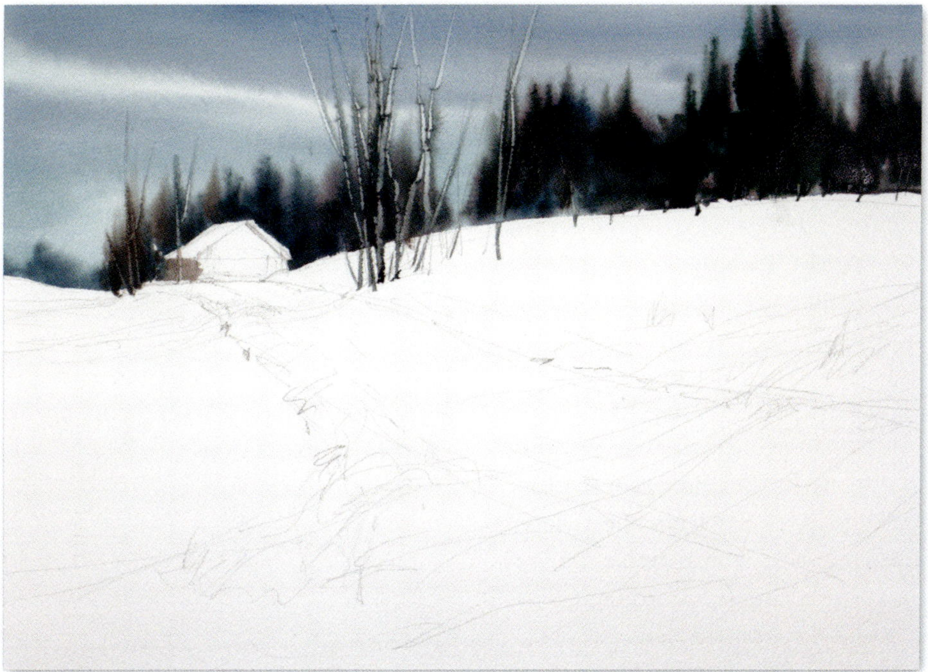

1. Schritt
Feuchte den oberen Bildteil an und lege ein paar Pinselstriche Preußischblau in den Himmel. Male mit einer sehr pastosen Mischung aus Preußischblau, Winsorgrün, Alizarin-Karmesin und Siena gebrannt im Wechsel die Tannenbäume in die noch feuchte Farbe. Der Pinsel muss dabei trockener sein als das Papier, damit keine Wasserränder entstehen. Halte den Malspachtel bereit und, wenn das Papier gerade so den Glanz verliert, kratze die Bäume ein.

2. Schritt
Mit denselben Farben nun die Erdklumpen und einige Gräser am Wegesrand andeuten. Versuche dabei, jedes Mal ihre Farbe, Form, Richtung und Größe sowie die Abstände ein wenig zu variieren. Beachte, dass der Weg nach vorn breiter wird. Spritze auch mutig mit dem Pinsel in die Fläche. Dann einmal kurz die Sprühflasche einsetzen, damit sich einige der scharfen Kanten auflösen. An die Basis der Baumgruppe mit Siena gebrannt etwas Gestrüpp andeuten.

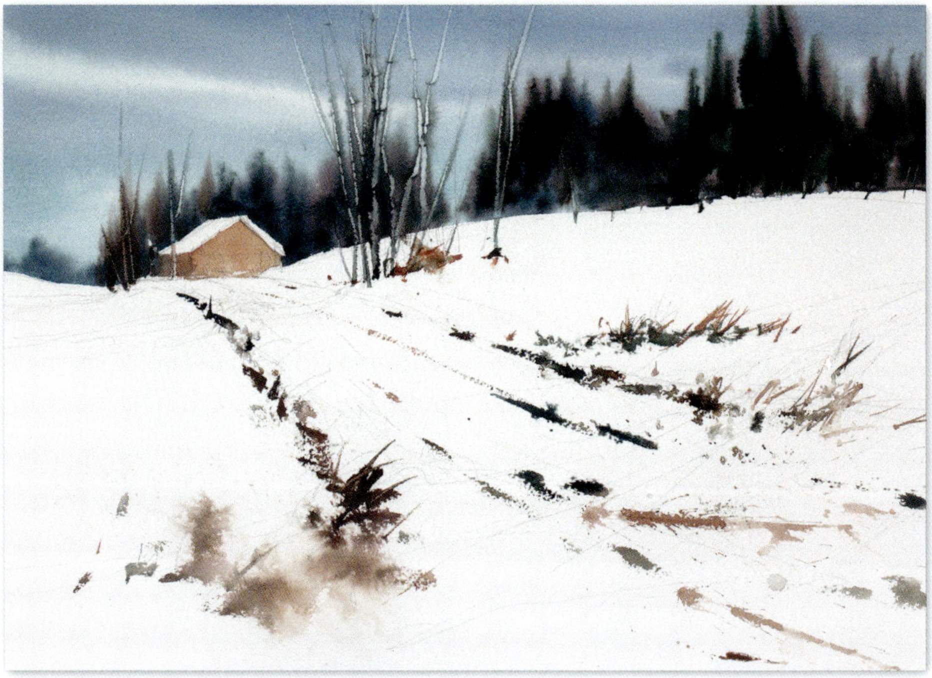

3. Schritt
Verwende Preußischblau als Grundton für die Schattenfarbe. Ein wenig Winsorgrün belebt die Mischung zusätzlich. Male die Schatten der kleinen Baumgruppe über den Weg, setze sogleich die beiden Schatten der Wegböschungen an und ziehe mit flotten Pinselstrichen die Baumschatten in den Vordergrund rechts unten.

Denke daran, „Lichtlöcher“ stehenzulassen. Alle Schatten sollen nahtlos ineinander übergehen. Auch hier mit der Sprühflasche ein paar scharfe Kanten auflösen.

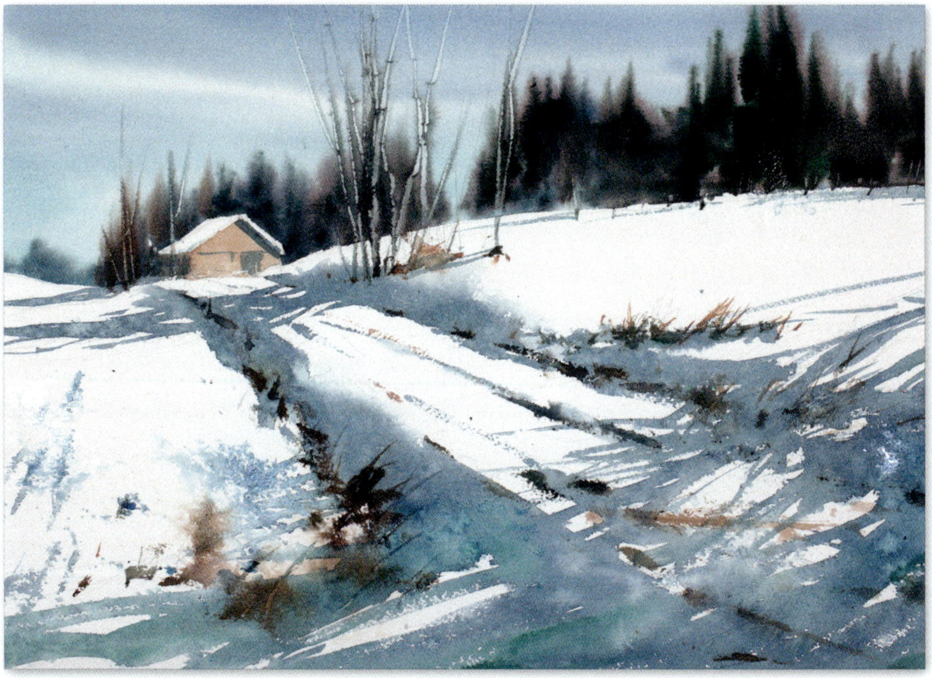

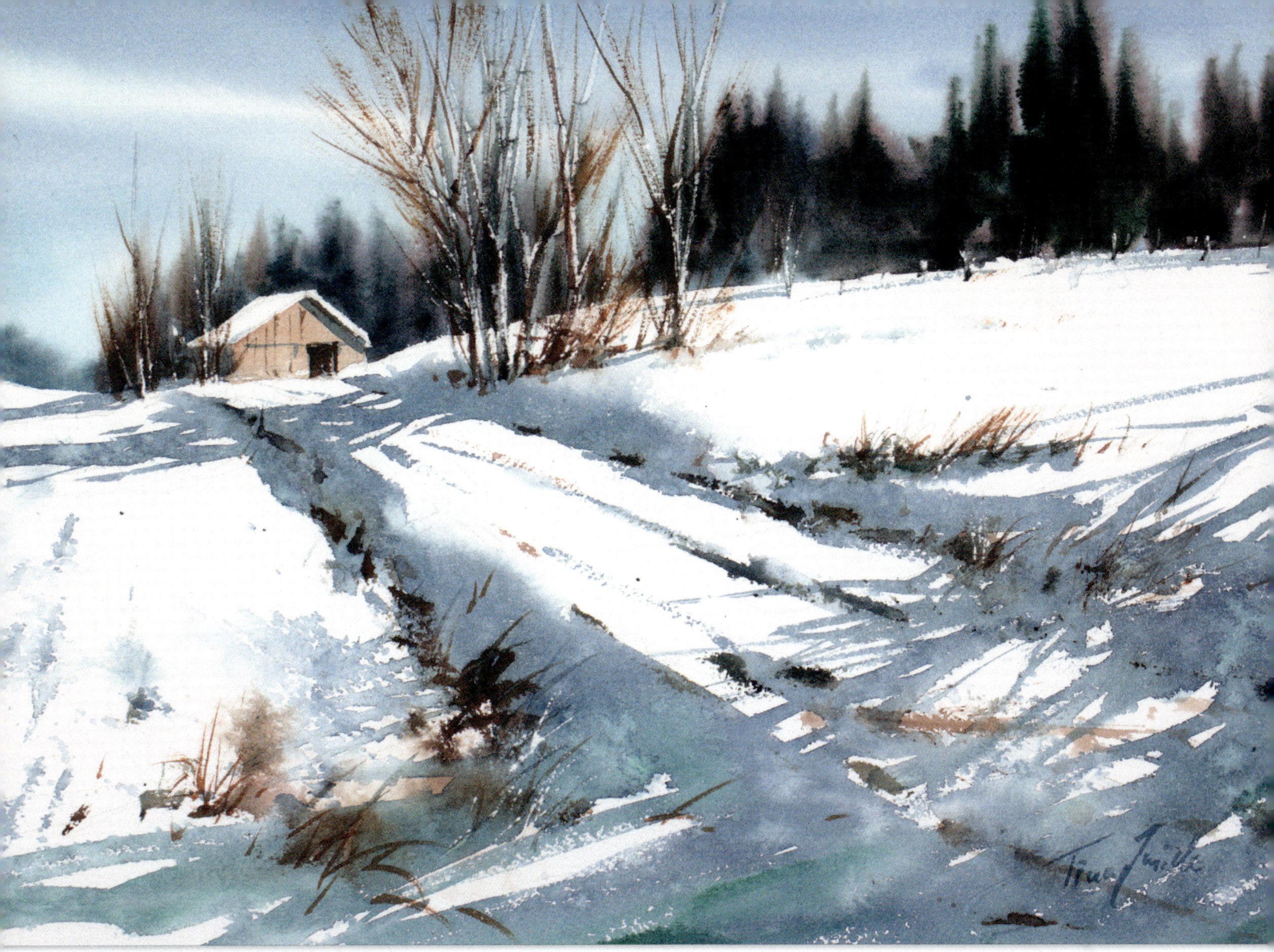

Fertiges Bild

Male den Schlagschatten des Dachüberstandes auf die Hütte und deute ein paar Bretter sowie eine Tür an.

Ziehe mit dem Schlepper ein paar dunkle Baumstämme ein. Sollte das Kratzen mit dem Malspachtel vorher nicht gelungen sein, kannst du nun mit dem Cutter vorsichtig einige helle Baumstämme herausschaben. Spreize die Haare eines Pinsels mit den Fingern auseinander und male damit mit Siena gebrannt die ganz feinen Äste. Lasse hier und da ein paar Gräser aus dem Schnee hervorspitzen und deute links die Ackerfurchen mit der Schattenfarbe an. Eventuell hinten am Wald noch einen Zaun andeuten.

Vielleicht hast du Lust, dieses Motiv ein zweites Mal mit einer wärmeren Schattenvariante aus Preußischblau und Alizarin-Karmesin zu malen.

Tipp: Alizarin-Karmesin und Winsorgrün mögen sich nicht besonders. Mischt man sie auf der Palette, separieren sie sich nach ein paar Minuten wieder. Du kannst diesen Effekt auch bei den Tannen des Waldes im Hintergrund erkennen: Das Alizarin-Karmesin ist etwas weiter ausgelaufen als das Grün.

Winterspaziergang

Du brauchst:

Aquarellpapier
- Arches Grobkorn, 300 g/m^2

Aquarellfarben in
- Ultramarin, Coelinblau
- Siena natur
- Siena gebrannt
- Titanweiß

Malspachtel

Pinsel s. S. 7

Das Schöne an Schatten auf Schnee ist, dass sie gerade Linien bilden und dadurch leichter zu malen sind als Schatten über Wiesenflächen. Es sei denn, sie werden durch ein Objekt im Schnee unterbrochen.

Schneebedeckte Dächer brauchen einen dunklen Himmel oder einen anderen dunkleren Hintergrund, vor dem sie sich abheben und leuchten können. Schnee ist zwar weiß, wenn er sich aber im Schatten befindet, kann er recht dunkel sein und darf ohne Scheu auch so gemalt werden.

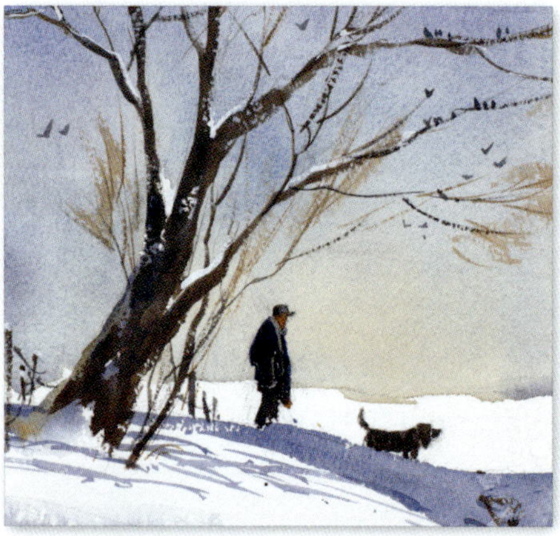

Ausschnitt 1
Hinter dem Baum hätte der Himmel noch ein wenig dunkler sein können, um den Schnee auf den Ästen besser hervorzubringen. Ein Nacharbeiten hätte dem Bild hier aber die Frische genommen. Der lange Schatten der Hütte erfüllt die wichtige Funktion, die Dunkelheiten von Hütte, Hund, Spaziergänger und Baum miteinander zu verbinden.

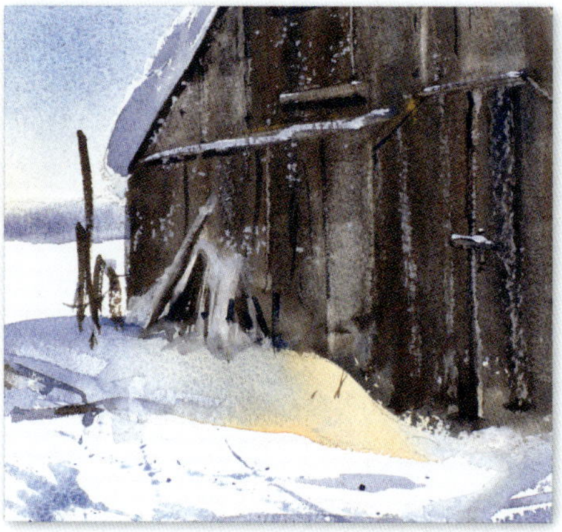

Ausschnitt 2
Der Schatten beginnt an der Scheune mit einem warmen Leuchten und geht dann in ein kühles Blau über. Der Schnee auf dem Dach ist auf der schattigen Seite dunkler als der Himmel. Über die an der Wand stehenden, mit Schnee bedeckten Pfosten wurde mit schnellem Pinselstrich die gleiche Schattenfarbe gelegt.

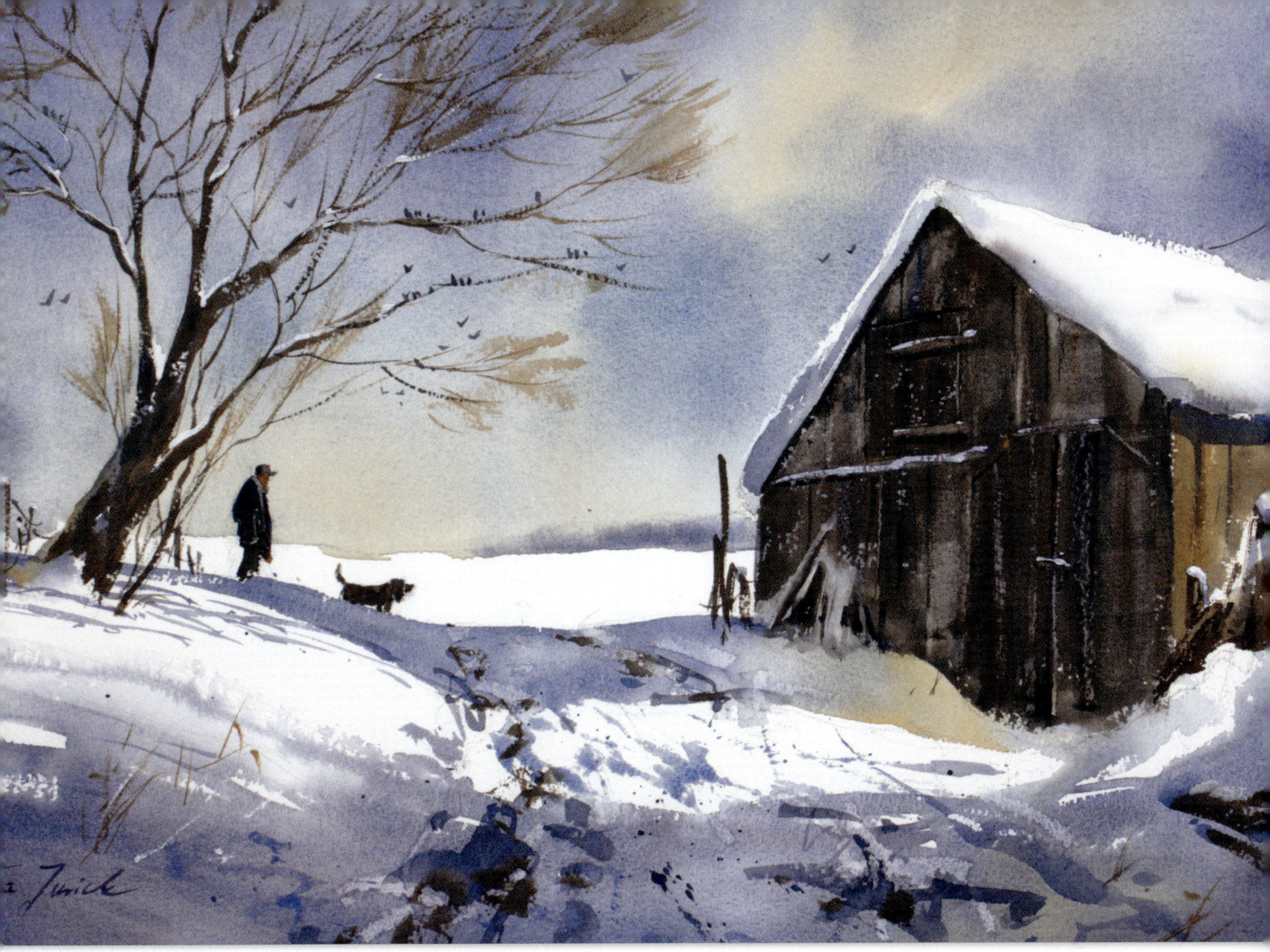

Vorgehensweise

Feuchte die Himmelsfläche um das Scheunendach herum mit klarem Wasser an. Beginne mit Siena natur und lege dann Farbflecken von Coelinblau und Französisch Ultramarin daneben. Möglichst nicht vermischen, sonst wird es grünlich! Male die Holzbretter der Scheune und das aufgeschichtete Holz mit einer abwechslungsreichen Mischung aus Französisch Ultramarin, Siena natur und Siena gebrannt. Kratze mit dem Malspachtel eine Holzstruktur in die noch leicht feuchte Farbe. Male mit derselben Farbe den Baum. Die kleineren Äste mit dem Schlepper und die ganz feinen Äste nur mit Siena gebrannt einziehen.

Lege den großen Schatten im Vordergrund und den Schatten der Scheune mit Französisch Ultramarin, etwas Siena natur und Siena gebrannt ins Bild. Ergänze die Details wie den Spaziergänger mit seinem Hund, ein paar Spuren im Schnee, die Antenne auf dem Dach, Zaunpfosten, einige Gräser und Vögel. Prüfe, ob dein Bild hier und da noch Highlights mit Titanweiß braucht.

Die Lichtverhältnisse ändern

Reetdach-Häuschen auf Föhr

Du brauchst:

Aquarellpapier
- Arches Grobkorn, 300 g/m²

Aquarellfarben in
- Siena natur
- Siena gebrannt
- Kadmiumgelb
- Coelinblau
- Französisch Ultramarin

Malspachtel

Pinsel s. S. 7

Nicht selten hat man ein schönes Motiv vor sich, aber die Sonne fehlt oder steht nicht da, wo man sie kompositorisch gerne hätte. Ist aber das Grundlagenwissen über Licht und Schatten einmal gefestigt, ist es einfach, mit diesen Gegebenheiten zu spielen. Meist entscheidet man sich dafür, die größere, sichtbare Hausfläche ins Licht zu rücken. Oftmals probiere ich in der Tonwertskizze mehrere Lichtverhältnisse aus, bevor ich mich für die ansprechendste Variante entscheide.

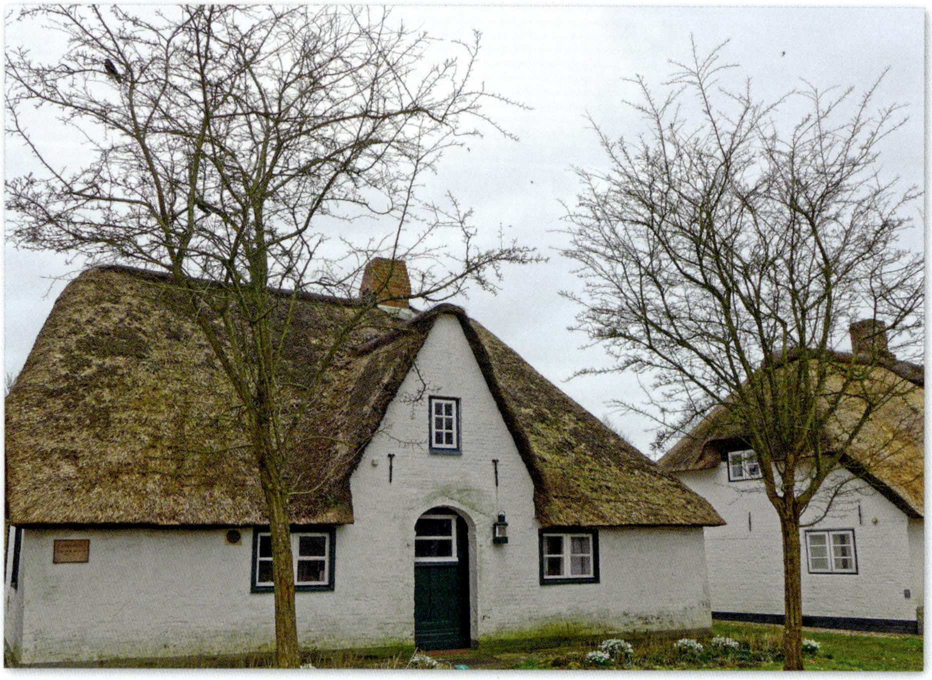

Motiv-Vorlage
Typisches Nordseewetter und keine Sonne in Sicht. Der Himmel grau in grau, und auch sonst bewegt sich alles in einem ähnlichen Tonwert. Was ist der Fokuspunkt und an welcher Stelle im Bild soll er positioniert werden? Die Eingangstür mittig zu lassen, ist nicht wirklich attraktiv, und so wurde der Giebel weiter nach links verlegt. Bei der Platzierung von Türen und Fenstern kannst du deiner Fantasie freien Lauf lassen.

Fertige eine Tonwertskizze an, um dein Licht-Schatten-Konzept zu durchdenken. So übst du nicht nur deine zeichnerischen Fähigkeiten, sondern planst damit ebenfalls deinen kreativen Sonnenaufgang!

Tipp: Verbinde so viele Schatten wie nur möglich. Je mehr Verbindungen, desto leichter wird das Auge des Betrachters durch dein Bild geführt und desto fließender wirkt das Aquarell.

1. Schritt
Beginne mit Siena natur, lichte Flecken in den Himmel zu malen. Mische Coelinblau mit etwas Französisch Ultramarin und lege die blauen Farbflecken neben die gelben. Arbeite so feucht, dass weiche Farbübergänge entstehen, sich Blau und Gelb aber nicht vermischen. Es dürfen auch weiße Wolken dabei sein. Ziehe Siena natur anschließend hinunter in die beiden Dachflächen. Das Dach wird später dunkler und es stört nicht, wenn auch Blau hineinläuft.

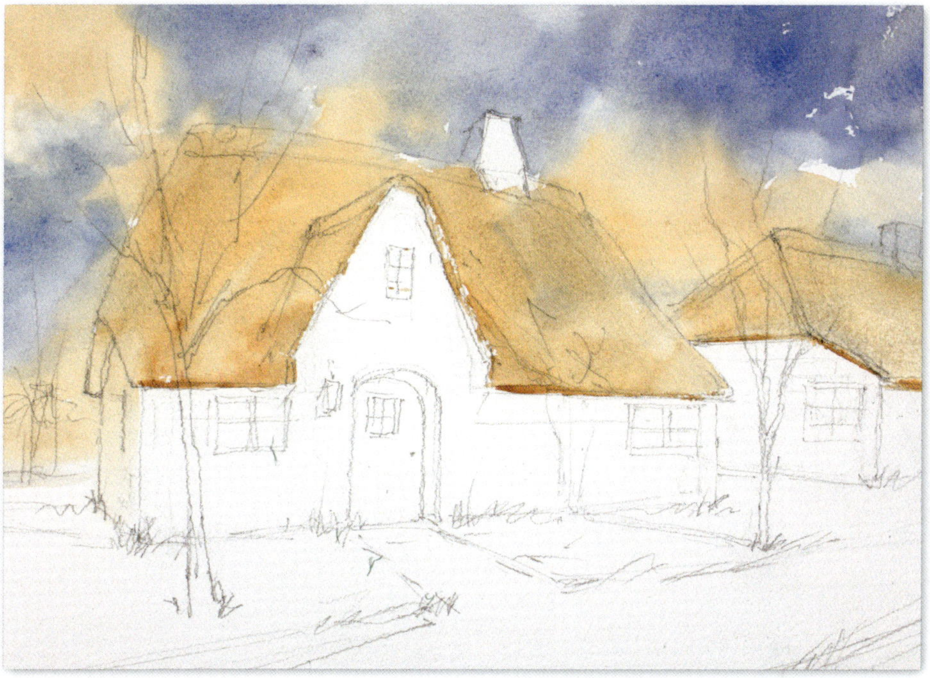

2. Schritt
Für das frühlingshafte Grün der Wiesenflächen Kadmiumgelb und Französisch Ultramarin mischen. Nimm aber nur wenig Gelb, denn es ist sehr deckend und kräftig. Versuche, die Farben hauptsächlich auf dem Papier ineinanderlaufen zu lassen, und übermische sie nicht zu sehr auf deiner Palette. Das Stück Wiese unten rechts nicht vergessen.

Platziere einige höhere Grasbüschel zu beiden Seiten der Haustür und kratze einzelne Gräser mit dem Malspachtel aus. Den Weg mit Französisch Ultramarin und Siena gebrannt leicht grundieren.

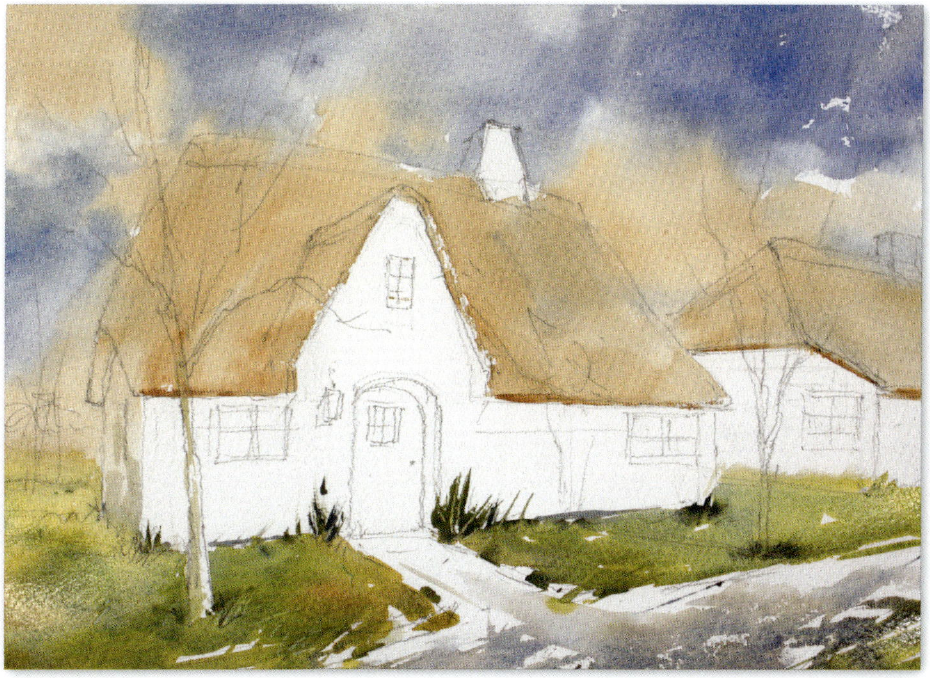

3. Schritt

Für die verwitterten Reetdächer in die mit Siena natur angelegten Flächen jeweils ein wenig der anderen vier Farben hineinlaufen lassen, um die Farbe auf der großen Fläche zu variieren. Die Unterkanten der Dächer mit einer noch dunkleren Mischung aus allen fünf Farben einziehen. Achte dort, wo die Dächer der beiden Häuser sich optisch überlappen, auf den Unterschied der Tonwerte. Male das vordere Dach heller und das hintere dunkler. Dieses wird auf seiner Sonnenseite dann wieder heller.

Kurz bevor die Farbe antrocknet, die Bäume einkratzen. Die Kamine in Siena gebrannt malen.

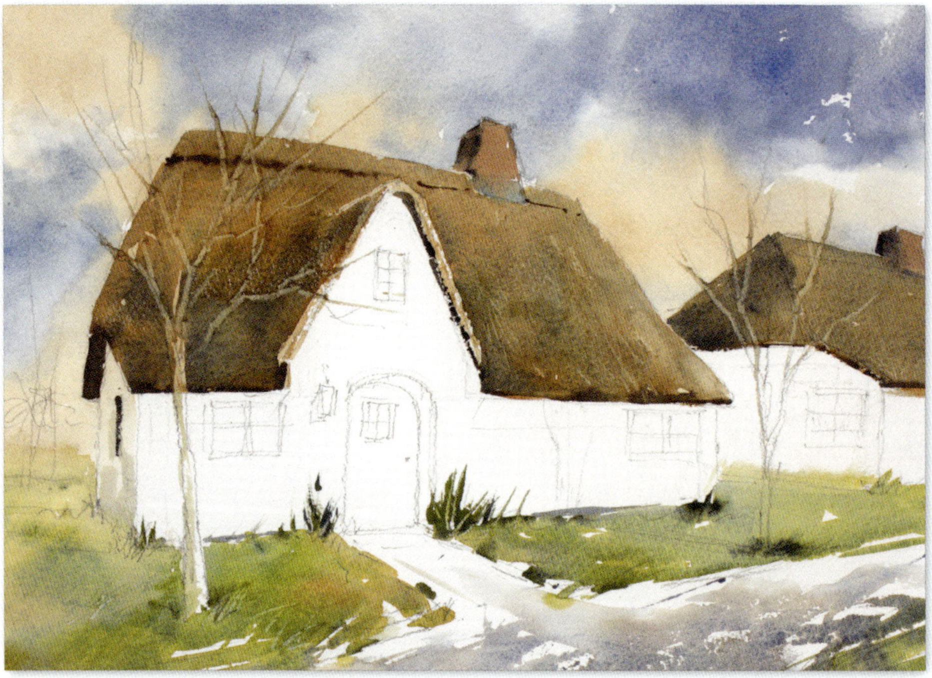

4. Schritt

Lege auf die Türlaibung eine Schicht Siena natur. Für das Grün der Tür, der Fensterrahmen und des Gehölzes im Hintergrund Französisch Ultramarin mit beiden Gelbtönen mischen. Siena gebrannt und Französisch Ultramarin ergeben eine schöne Dunkelheit für die Fensterscheiben. Hier nicht alle genau gleich ausmalen. Es wirkt lockerer und interessanter, wenn du hier nicht ganz so exakt malst.

Mit der gleichen Farbe die Schattenseite des linken Baumes und seine Äste malen. Einen weiteren Baum im Hintergrund andeuten und mit dem rechten Baum noch warten.

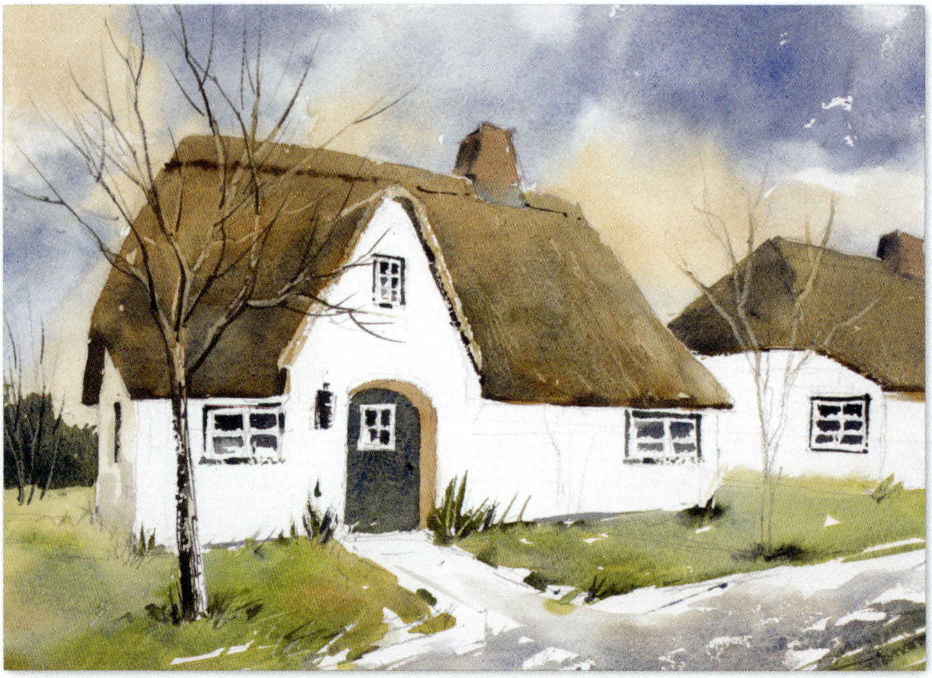

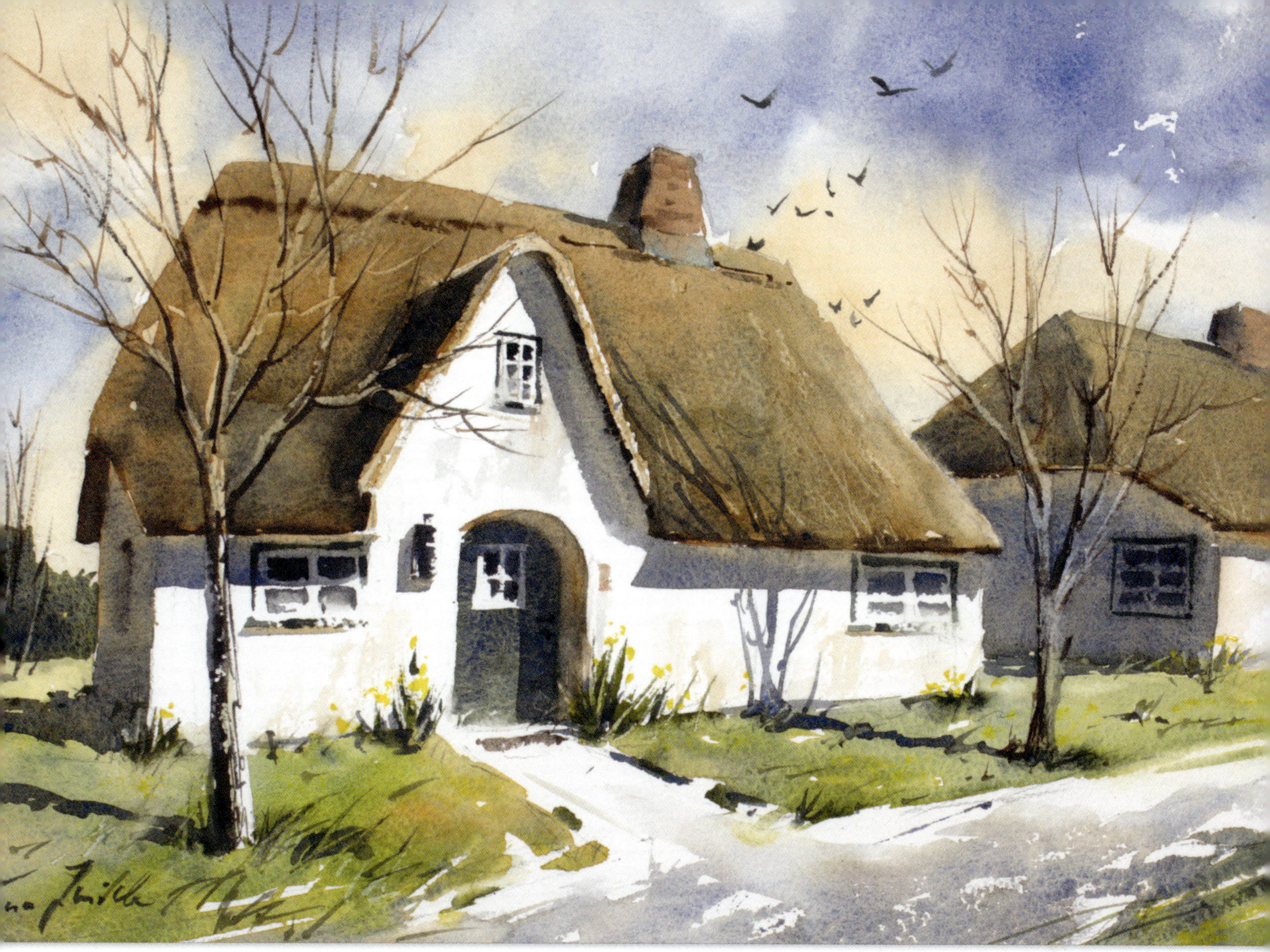

Fertiges Bild

Mische ein Blaugrau aus Französisch Ultramarin, Coelinblau und Siena gebrannt und fülle damit einen Pinsel. Mische mit einem zweiten Pinsel Siena natur an. Wenn du zuerst Siena natur an alle Schatten legst und dann erst das Grau anschließt, kann es sein, dass der Gelbton bereits angetrocknet ist. Damit die beiden Farben weich ineinander übergehen, male deshalb die Schatten einen nach dem anderen. Beginne oben mit Siena natur und schließe darunter die Blau-Grau-Mischung an.

Den Schatten des rechten Baumes zusammen mit dem des Daches, den er kreuzt, malen. Dann die Schatten des vorderen Hauses und des linken Baumes flach aus dem Bild laufen lassen. Den beiden Kaminen jeweils einen kleinen Schatten auf der linken Seite geben und ein Stückchen auf das Dach fallen lassen.

Mit dem Schlepper nun auch den rechten Baum malen und kleinere Äste ergänzen. Hier und da einige dunkle Gräser mit gelben Blumen wachsen lassen und die Tauben aufscheuchen. Ist dir der Sonnenaufgang gelungen, kann der Frühling kommen.

Leuchtturm Point Loma

Du brauchst:

Aquarellpapier
- Arches Feinkorn, 300 g/m²

Aquarellfarben in
- Preußischblau
- Französisch Ultramarin
- Siena natur
- Kadmiumrot
- Chinacridongold
- Neutraltinte

Malspachtel

Pinsel s. S. 7

Der Leuchtturm von Point Loma steht bei San Diego in Kalifornien und wurde 1855 erbaut. Das Besondere an ihm ist, dass sein Turm im Leuchtturmwärterhaus steht und nicht angebaut ist. Mit seiner weiß getünchten Fassade ist er ein ideales Motiv für lebendige Schatten mit reflektiertem Licht.Wie so oft, habe ich etwas umgebaut. Der Zaun wirkte mir zu statisch und versperrt die Sicht aufs Meer. Was in die Komposition findet und was man weglässt, ist eine sehr kreative und persönliche Entscheidung. Auch das macht den Stil einer Künstlerin oder eines Künstlers aus.

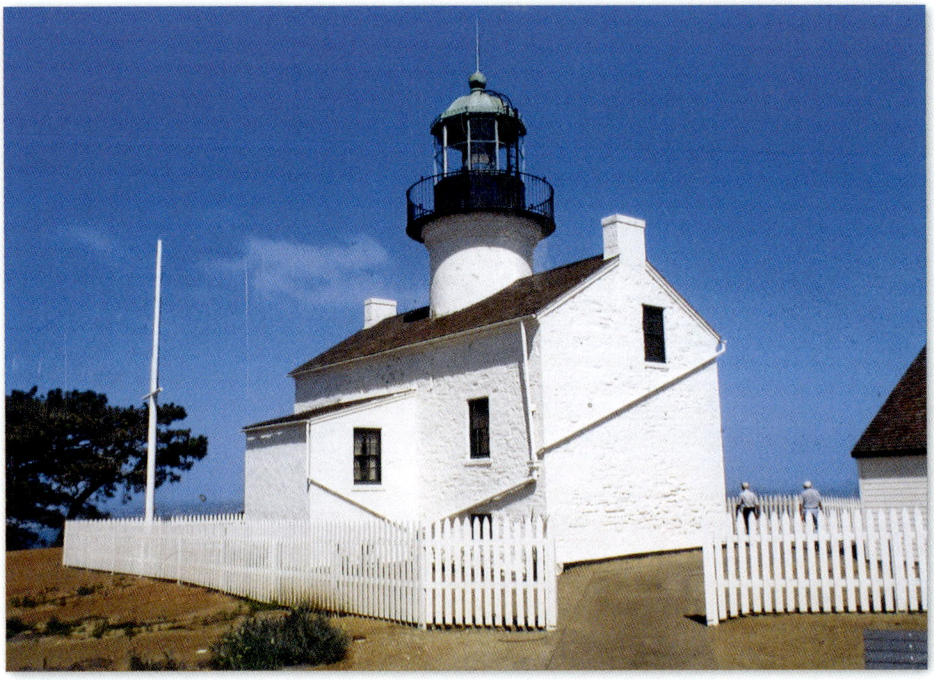

Motiv-Vorlage
Es geht nicht darum, ein Foto eins zu eins zu kopieren, sondern eine ansprechende Lüge der Realität darstellen. Hier ist kompositorisches Wissen gefragt. Der Künstler darf sich in seinem und durch sein Werk zeigen.

Von dieser Szene habe ich fünf unterschiedliche Tonwertskizzen angefertigt, die Wahl fiel schließlich auf die folgende Variante. Es gibt so viele Möglichkeiten!

Ein Kunstwerk besteht immer aus drei Teilen: seiner materiellen Existenz, dem Künstler und dem Betrachter.

Pierre Soulages

Tonwertskizze
Wenn dir der Zaun gefällt, versuche ihn kreativ zu integrieren. Bei der Skizze kannst du deine eigenen Ideen einbringen und sehen, wie sie wirken.

Denke daran, alle Flächen in ihrer Tonwertigkeit zu berücksichtigen, insbesondere die Schattenflächen. Um ein weißes Gebäude auf der Bildfläche herauszubringen, muss der Hintergrund dunkel genug werden. Viele weiße Wolken sind bei einem weißen Leuchtturm nicht zu empfehlen. Es könnte auch ein Sturm mit dramatischen, dunklen Wolken aufziehen.

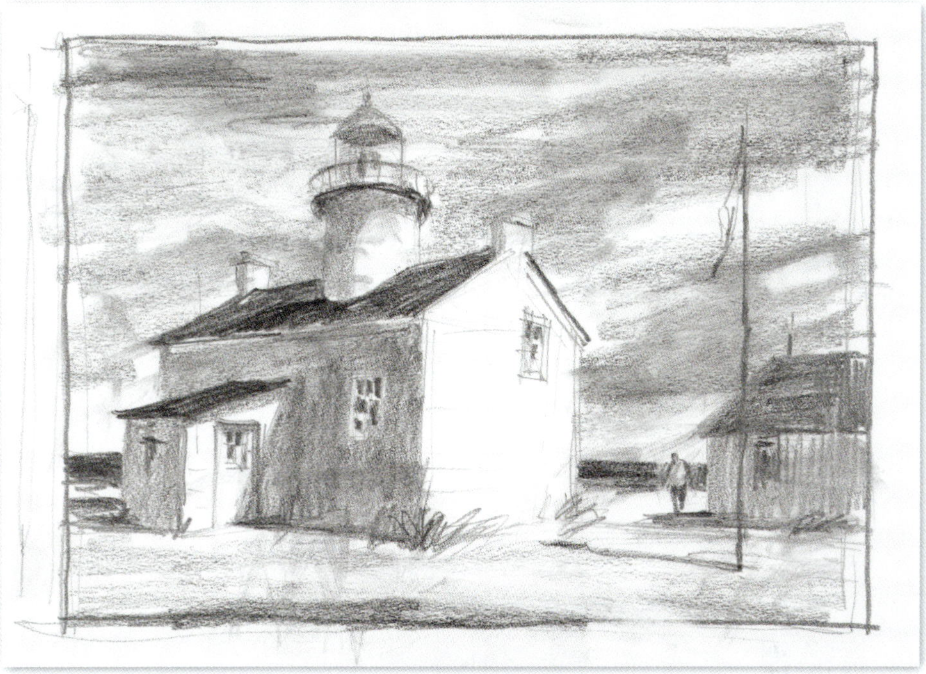

1. Schritt
Feuchte den Himmel mit sauberem Wasser an. Beginne mit Siena natur, einige sonnige Flecken in den Himmel zu legen. Mische Französisch Ultramarin mit Preußischblau und setze die Farbe zwischen die gelblichen Flächen. Dabei sollte die ganze Himmelsfläche gleichmäßig feucht sein. Entstehen Wasserränder, passen sie vielleicht auch ins Bild. Beobachte, wohin dich das Aquarell führt, und versuche entsprechend zu reagieren. Versteife dich nicht so sehr darauf, die Vorlage genau zu kopieren.

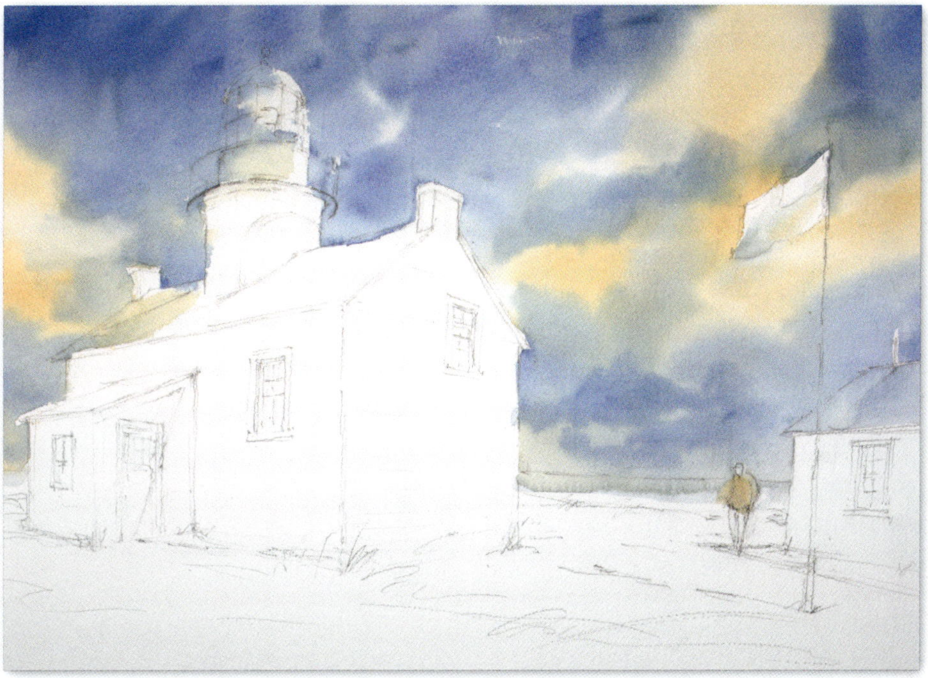

2. Schritt

Ziehe mit dem Schlepper Siena natur unter die Dachkanten und Fensterrahmen. Für die Wiese Siena natur, Chinacridongold und Preußischblau auf dem ebenfalls angefeuchteten Papier ineinanderlaufen lassen. Einige Gräser mit dem Malspachtel herauskratzen.

Für die Schattenfarbe beide Blautöne mit wenig Kadmiumrot abtönen. Beginne oben am Turm mit Siena natur und schließe sogleich die Schattenfarbe unten an. Genauso die beiden Schornsteine malen. Die dunklen Fensterscheiben einsetzen.

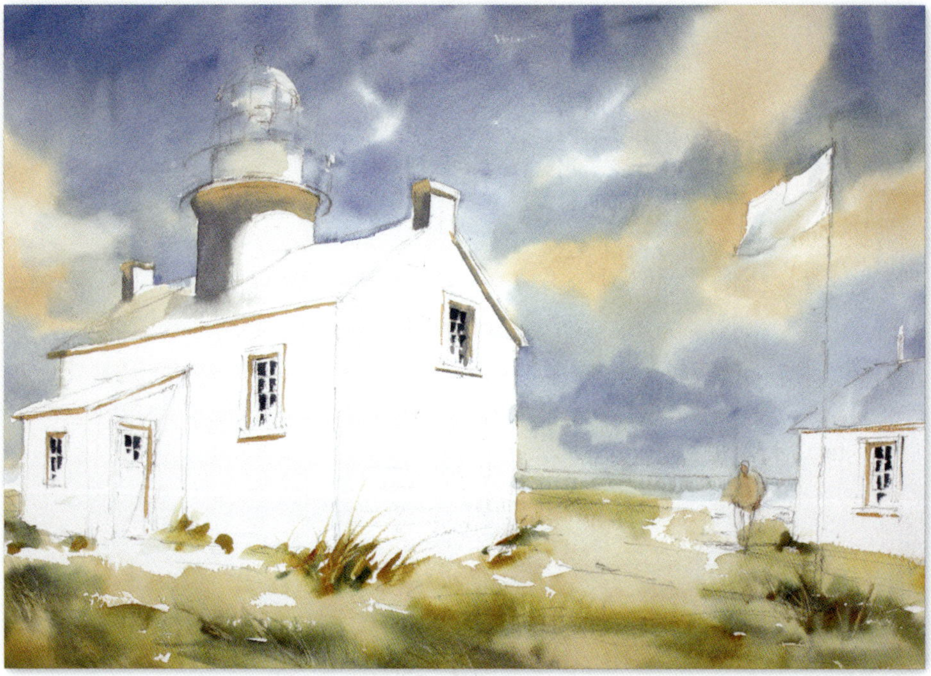

3. Schritt

Prüfe, ob du für die größeren Schattenflächen ausreichend Schattenfarbe auf deiner Palette vorbereitet hast. Am besten füllst du einen Pinsel mit Siena natur und den anderen mit der bläulichen Schattenfarbe, die du schon für den Turm verwendet hast. Beginne jeweils oben mit dem reflektierten Licht und schließe nach unten den dunkleren Ton an. Den diagonalen Schatten über die Tür mit der Hausecke rechts unten verbinden. Links vom Haus und rechts an der Hütte den Schatten auf dem Boden einmalen.

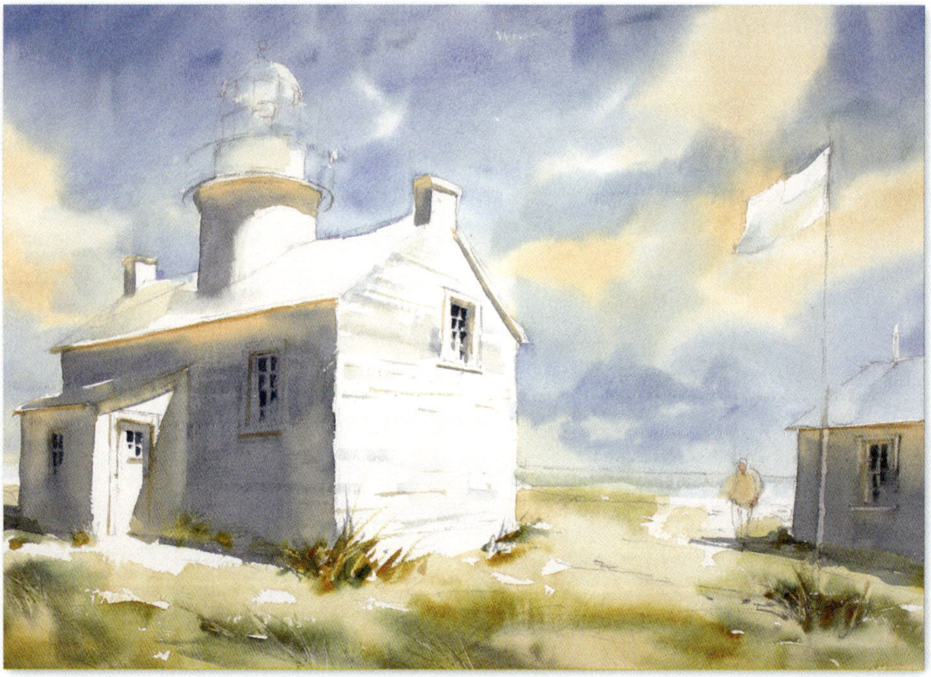

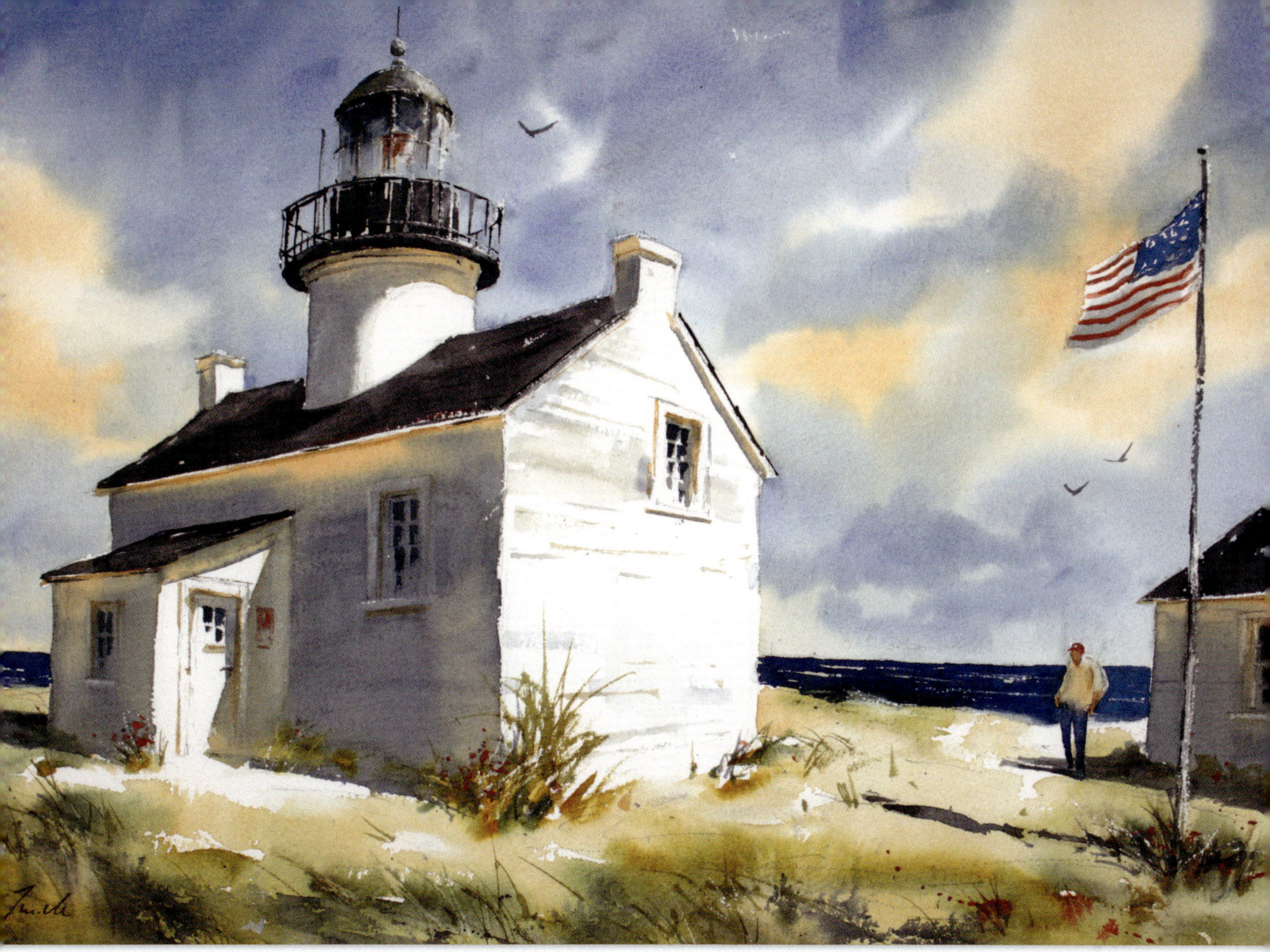

Fertiges Bild

Zu Neutraltinte etwas Kadmiumrot und Ultramarin zugeben und die dunklen Dächer malen. Die gleiche Farbe für die Plattform und das Geländer verwenden, die ellipsenförmig um den Turm reichen, sowie für den Sockel des Glasaufbaus. Für die Kuppel das Grün aus der Wiese wiederholen. Einen Klecks Kadmiumrot für das Leuchtfeuer verwenden.

Stellst du die Figur rechts in den Schatten der Hütte, braucht sie keinen eigenen Schatten. Den Fahnenmast einziehen, seinen Schatten malen und die Fahne hissen. Hier und da mit Kadmiumrot ein paar Blumen ins Gras spritzen. Dafür den oberen Teil des Bildes besser vorher abdecken.

Zum Schluss mit dem Schlepper einige dunklere Gräser wachsen und je nach Geschmack einige Möwen durch den Himmel fliegen lassen.

Nachtbilder

Blaue Stunde

Du brauchst:

Aquarellpapier
- Arches Grobkorn, 300 g/m²

Aquarellfarben in
- Französisch Ultramarin
- Siena natur
- Siena gebrannt
- Alizarin-Karmesin
- Winsorgrün

Maskierflüssigkeit

Cutter

Malspachtel

Sprühflasche mit Wasser

Pinsel s. S. 7

Nachtszenen sind eine besondere Herausforderung. Nicht nur, weil es oft mehrere Lichtquellen im Bild gibt, sondern auch, weil man sich an die dunkleren Tonwerte wagen muss. Man benötigt mehr Pigment und trotzdem ausreichend Wasser im Pinsel, damit die Flächen nicht fleckig werden.

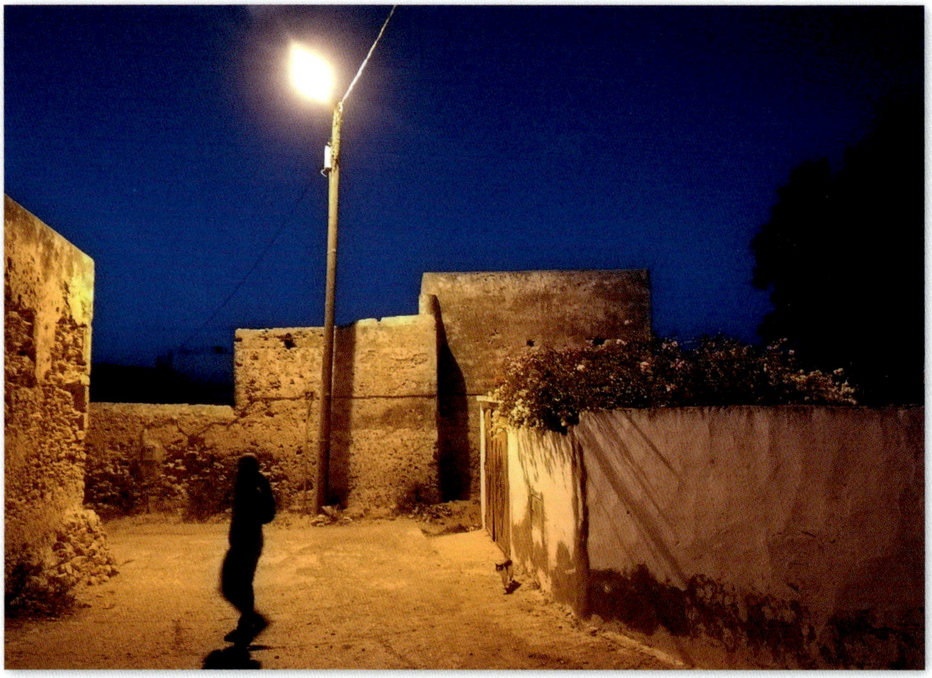

Motiv-Vorlage

Das Foto ist im kleinen Dorf Djiabat bei Essaouira in Marokko aufgenommen worden. Der Himmel leuchtet noch in einem kräftigen Blau und hat dem Bild hiermit den Namen gegeben. Einfache Kameras verfälschen oft die reale Farbe oder sie sind nicht lichtempfindlich genug, um das kaum vorhandene Licht überhaupt abzubilden. Letztlich dient das Foto aber nur der Inspiration, und die Entscheidung liegt bei dir, wie viel Licht und Dunkelheit du zeigen möchtest. Dass es sich um nur eine Lichtquelle handelt, vereinfacht die Sache.

Tipp: Mische dunkle Töne in einem Aquarellbild möglichst aus anderen Farben und verwende kein fertiges Schwarz dafür. Es trocknet fade und grau auf. Wenn schon schwarz, dann mische ein transparentes Blau oder Rot mit hinein. Kadmiumpigmente sind hier weniger geeignet, da sie deckender sind.

Tonwertskizze
Teste auf deiner Tonwertskizze, wie dunkel der Himmel werden muss, damit die nächtliche Stimmung entsteht. Die Mauern werden von hell mit zunehmender Entfernung von der Lampe dunkler.

Als Hilfestellung sind hier die Schattenwürfe der Figuren eingezeichnet. Die Person im Foto steht ungünstig, ihr Schatten läuft aus dem Bild heraus. Überlege gut, wie viele Figuren du in der Komposition möchtest und wo sie gut platziert sind. Den Laternenmast nicht in die Mitte des Bildes stellen.

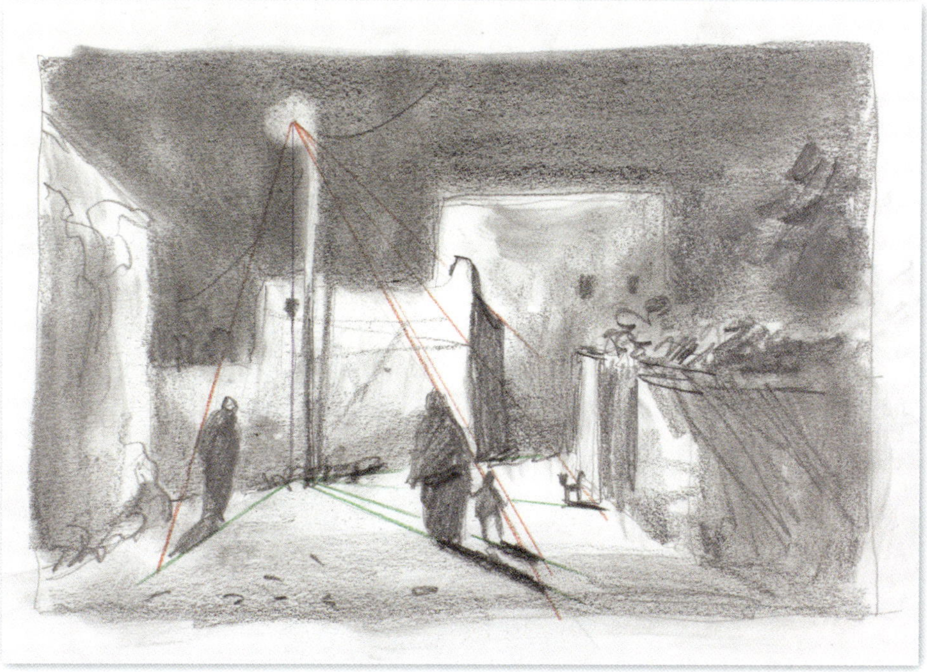

1. Schritt
Trage mit dem Malspachtel Maskierflüssigkeit oben auf die Mauerränder, oben auf die Figuren, sowie auf die Lampe auf. Sehr gut trocknen lassen. Beginne an den Oberkanten der Mauern mit hellem Siena natur, lasse die Farbe nach unten hin kräftiger werden und lasse Spuren von Siena gebrannt, Alizarin-Karmesin und Französisch Ultramarin mit hineinlaufen. Nach oben darf die Farbe ohne harte Kanten ins Weiß auslaufen, nach unten endet sie an der Bodenkante.

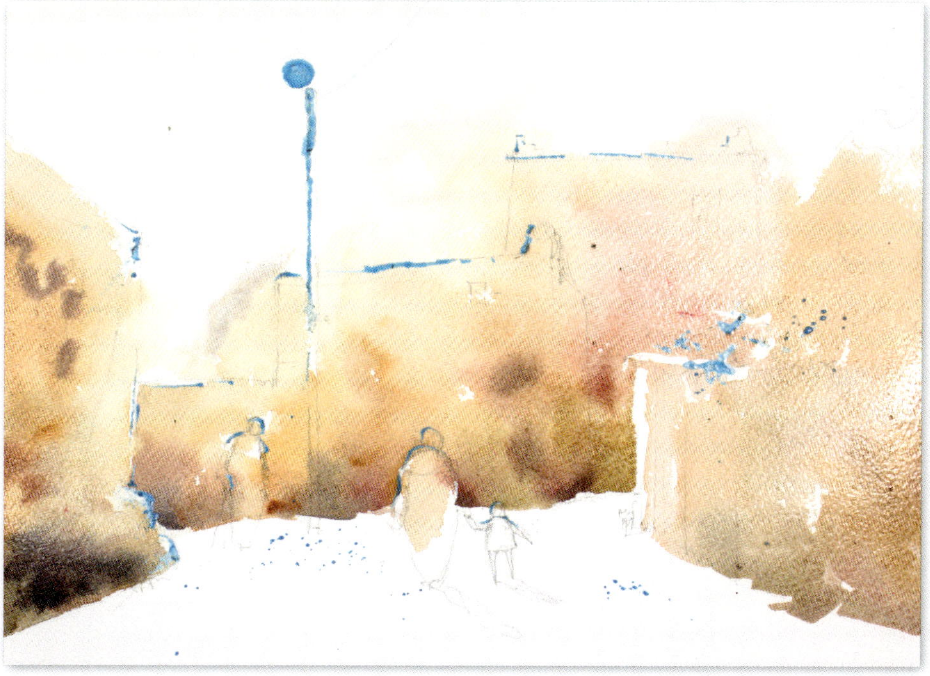

2. Schritt
Das hintere rechte Haus eine Nuance dunkler malen, ebenso die Wand vorn rechts. Winsorgrün mit Siena natur mischen und den Busch hinter der Mauer andeuten. Das Grün unten an den Hausmauern wiederholen, indem du Grasbüschel andeutest. Spritzer aus der Sprühflasche sorgen für Struktur in der Mauerfläche. Scheue dich nicht, eventuell mit dem Malspachtel Mauersteine zu kratzen. Die Bodenfläche anlegen, vorn dunkler, zur Lichtquelle hin heller. Trocknen lassen.

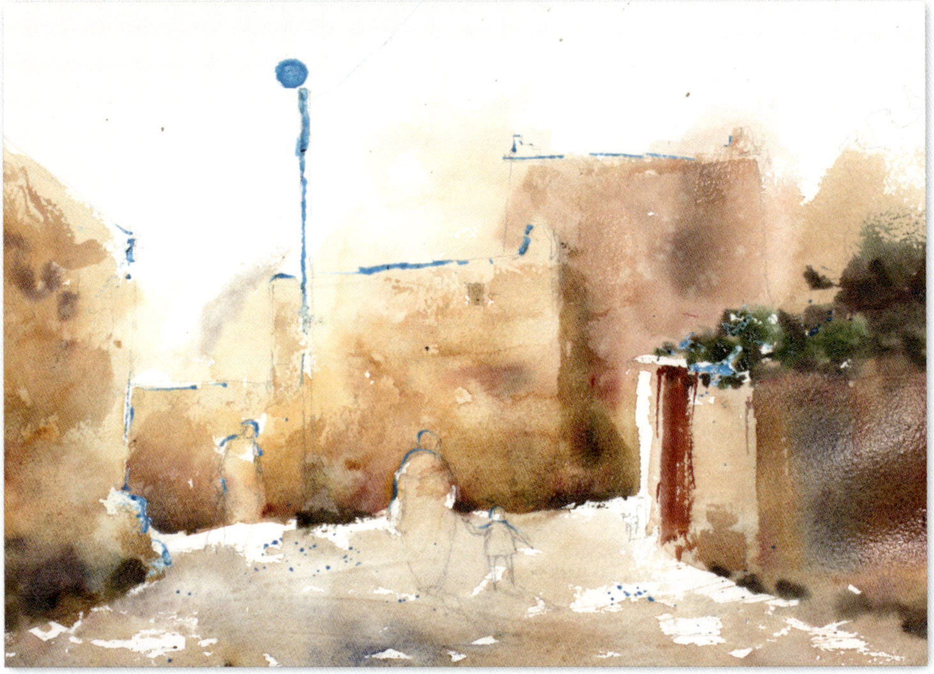

3. Schritt
Bereite für den Himmel auf deiner Palette eine ausreichende Mischung aus Französisch Ultramarin, Alizarin-Karmesin und Grünoliv vor. Wenn du zu den eher langsameren Malern gehörst, feuchte die Fläche vorher an und beginne dann mit dem Malen. Gehörst du zu der schnellen Sorte, dann lege gleich mit viel Wasser und Farbe los. Male dieselbe Farbe für die Schatten unter die über die Mauer hängenden Äste. Mit pastoser angemischter Farbe die beiden Bäume rechts und links hinter die Mauern pflanzen.

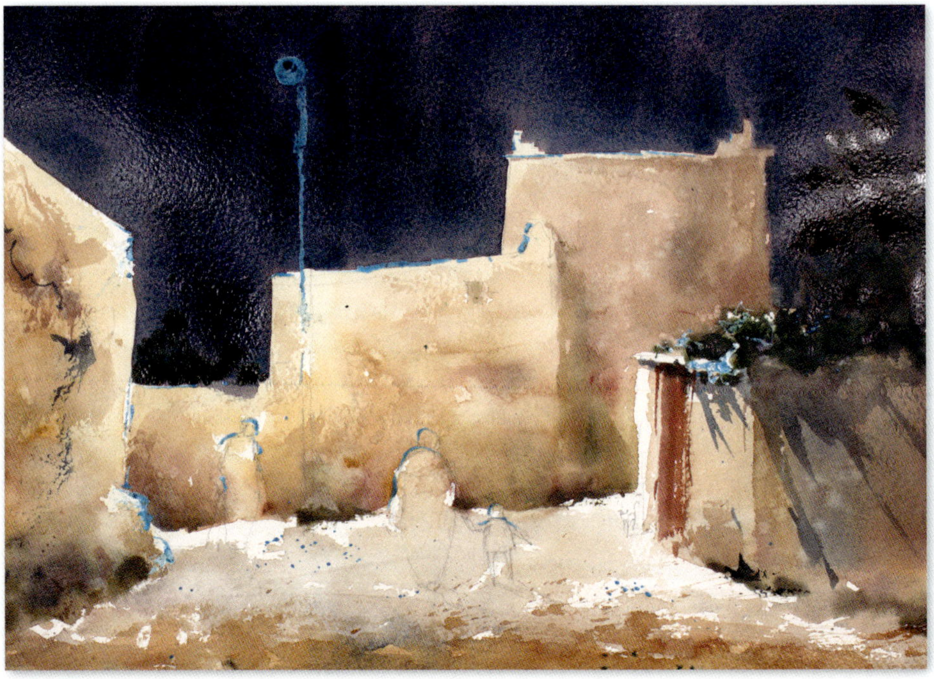

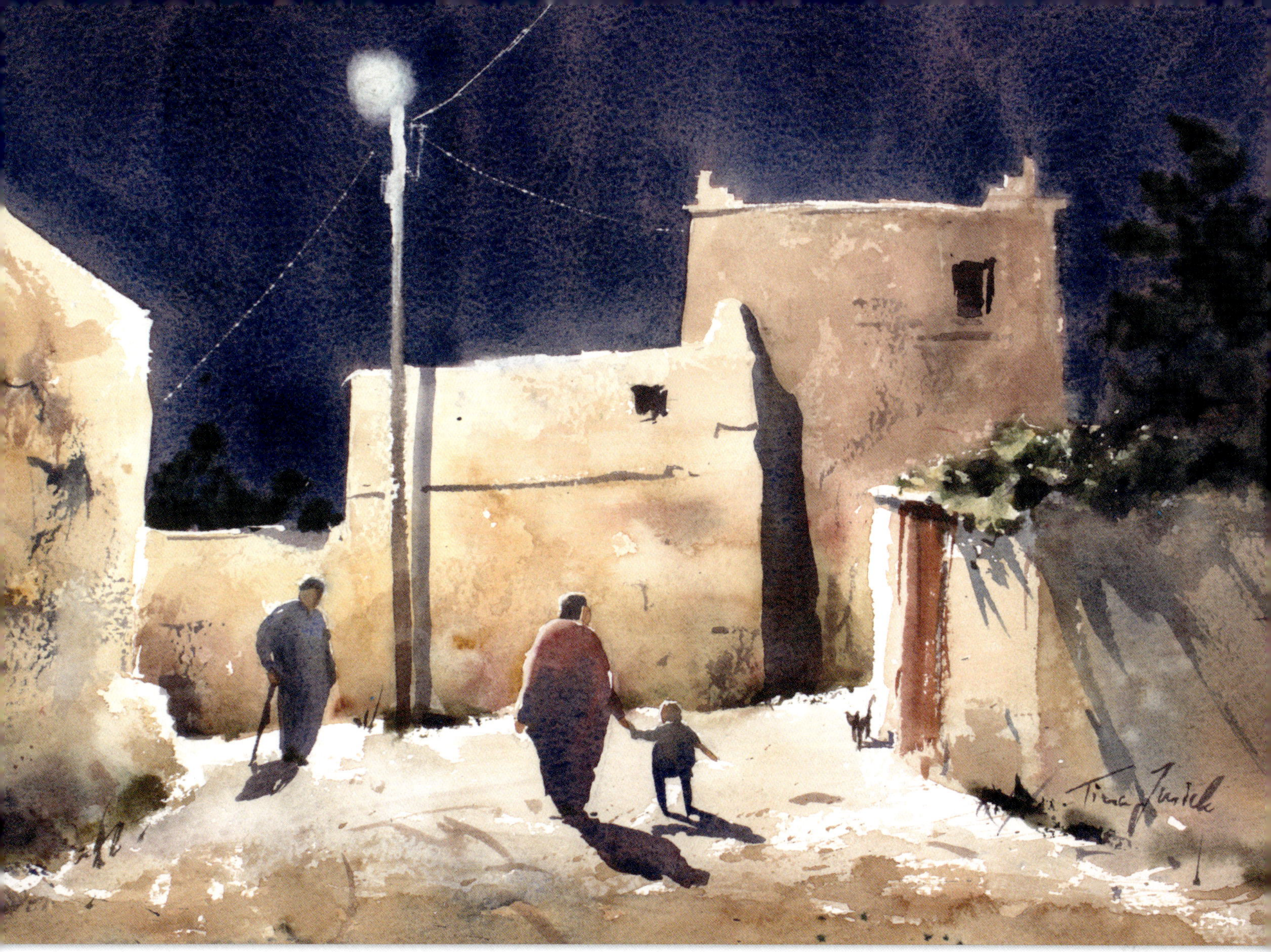

Fertiges Bild

Bevor du die Maskierflüssigkeit mit den Fingern weg rubbelst, muss das Bild absolut trocken sein! Schrubbe die harte Kante der Lampe mit dem feuchten Borstenpinsel etwas weicher. Verfahre ebenso mit dem Busch rechts und anderen Kanten, die dir zu hart erscheinen.

Die hellen Stromkabel mit dem Cutter einkratzen. Jetzt die Figuren in die Szene einfügen und sie harmonisch zu den restlichen Farben im Bild kleiden. Hattest du ausreichend Farbe für deinen Himmel vorbereitet? Wenn ja, dann ist sicher noch etwas für die Schatten übrig. Achte beim Anlegen der Figurenschatten auf die korrekte Richtung und Länge.

Den Schatten des Mastes auf die Mauer dahinter einziehen und für mehr Tiefe den Schatten rechts auf das hintere Haus fallen lassen. Ist die Katze noch da? Prüfe, ob dein Bild zur visuellen Unterhaltung des Betrachters noch mehr Strukturen an den Wänden oder auf dem Boden braucht oder ob nichts mehr hinzuzufügen ist.

Essaouira am Abend

Du brauchst:

Aquarellpapier

- Arches Feinkorn, 300 g/m²

Aquarellfarben in

- Siena natur
- Siena gebrannt
- Sepia
- Kobaltblau

Sprühflasche mit Wasser

Pinsel s. S. 7

In diesem Bildbeispiel haben wir es mit zwei künstlichen Lichtquellen zu tun: eine Lampe sichtbar hinten in der Gasse und eine versteckte auf der Rückseite des Torbogens. Zwischen den beiden Lichtquellen und auch im Vordergrund wird es etwas dunkler. Die Unterschiede zwischen Hell und Dunkel sind viel weicher als bei Tageslicht und damit die Tonwertsprünge geringer.

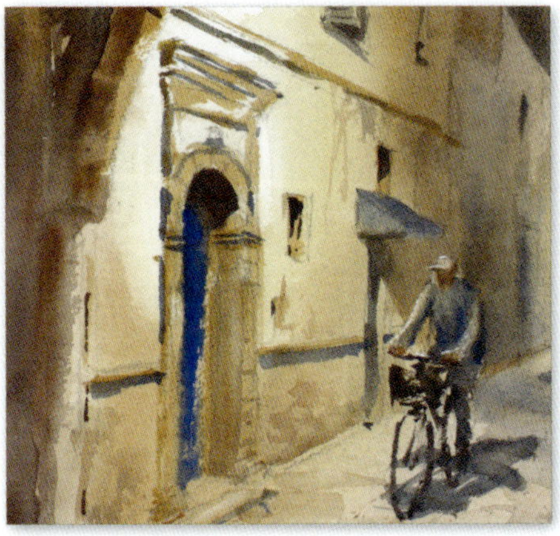

Ausschnitt 1

Der Radfahrer ist noch nicht ganz unter der Lichtquelle; sie befindet sich noch vor ihm. Somit fällt sein Schlagschatten nach hinten weg. Das Vordach links an der Wand ist so platziert, dass sein Schatten die Helligkeit auf dem Radler hervorbringt. Das Fahrrad ist nur angedeutet und trotzdem gut lesbar.

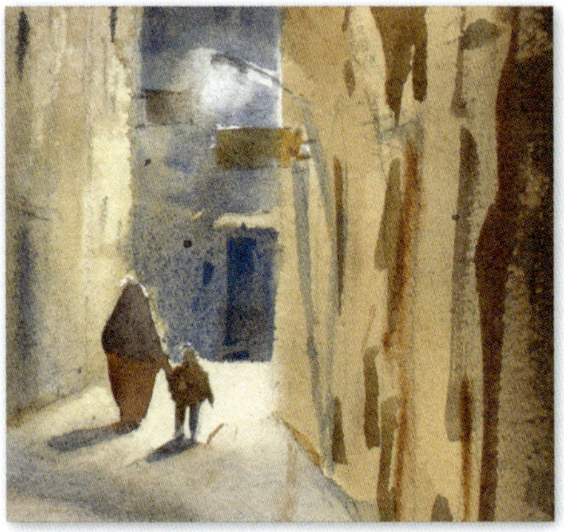

Aussschnitt 2

Die Frau mit Kind befindet sich kurz vor der hinteren Lampe, daher fällt der Schatten der beiden dem Betrachter entgegen. Sie sind weniger detailliert gemalt, weil sie sich weiter hinten in der Gasse befinden, und bringen so Tiefe ins Bild. Die Konturen sind weicher als im Bildvordergrund, und die Lampe hat einen schwächeren Schimmer.

Ein Bild zu malen ist immer wie ein erstes Rendezvous. Man ist sich ziemlich sicher, wie es läuft, aber ziemlich unsicher, wie es enden wird.

Sara Gwenn

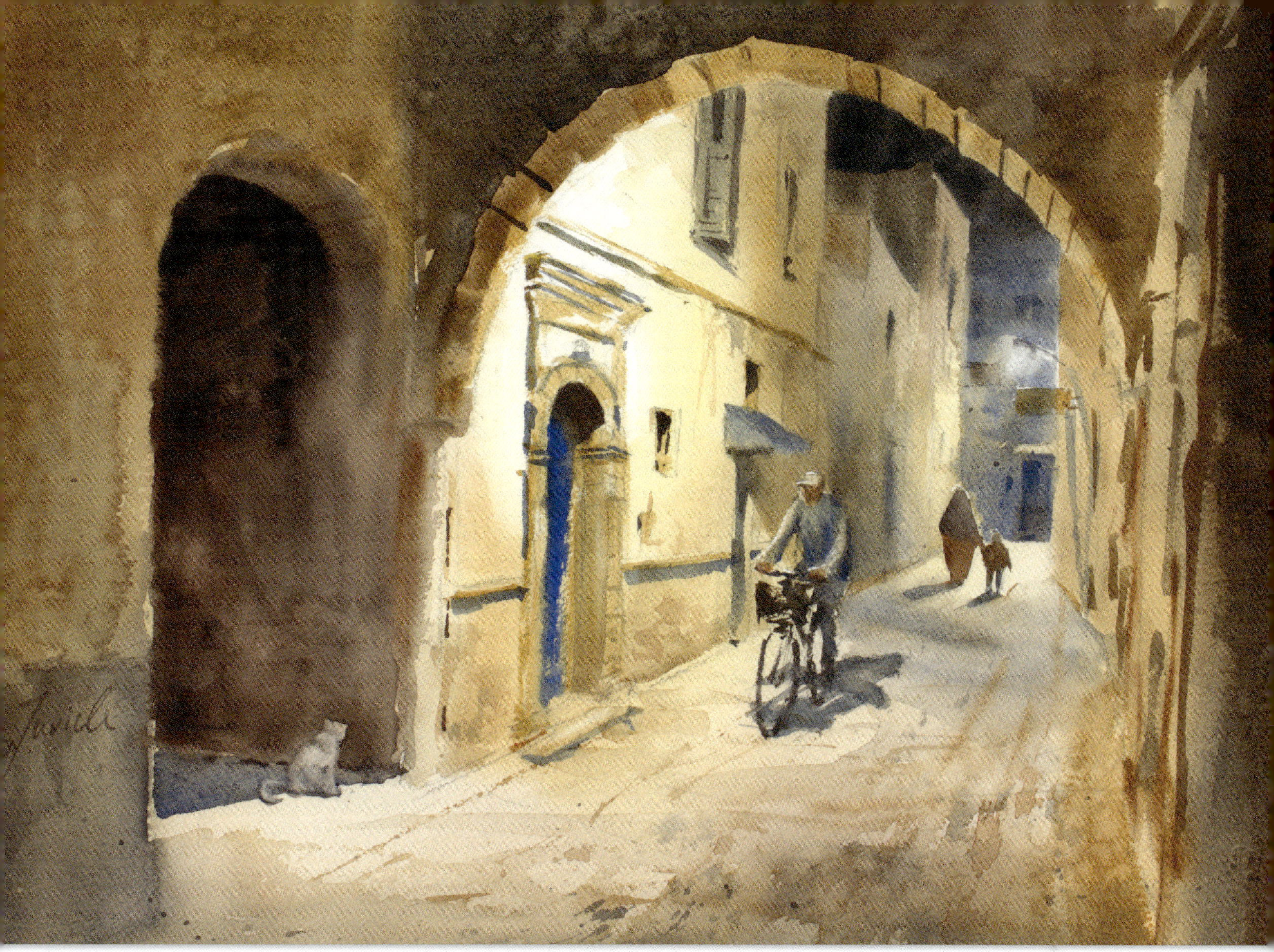

Vorgehensweise
Feuchte das komplette Blatt an. Das Papier um die Lampe hinter dem Torbogen herum weiß lassen. Mit zunehmender Entfernung von der Lichtquelle dunkler werden: zunächst mit Siena natur, dann in Siena gebrannt übergehen und schließlich etwas Blau hinzumischen.

Ist die erste Lasur trocken, male den Torbogen sowie die Türumrandung mit Siena natur. Male den Haussockel dunkler, werde zum Licht hin heller, in Richtung der hinteren Häuser dunkler und gegenüber der hinteren Lampe wieder heller. Danach folgt die großflächige Dunkelheit, die die Szene einrahmt.

Den Durchgang links mit Sepia abdunkeln und die Farbe oben und rechts in der Mauer wiederholen. Die Katze bricht das dunkle Loch ein wenig auf. Das Gebäude ganz hinten mit Blau lasieren, Sepia hinzumischen und die Fläche in die dunkle Himmelsfläche übergehen lassen.

Ergänze Türen, Fenster sowie das kleine Überdach und wasche das Licht der hinteren Lampe mit einem Borstenpinsel aus. Zuletzt die Figuren mit ihren Schatten einfügen und die Bodenfläche strukturieren.

Nachwort

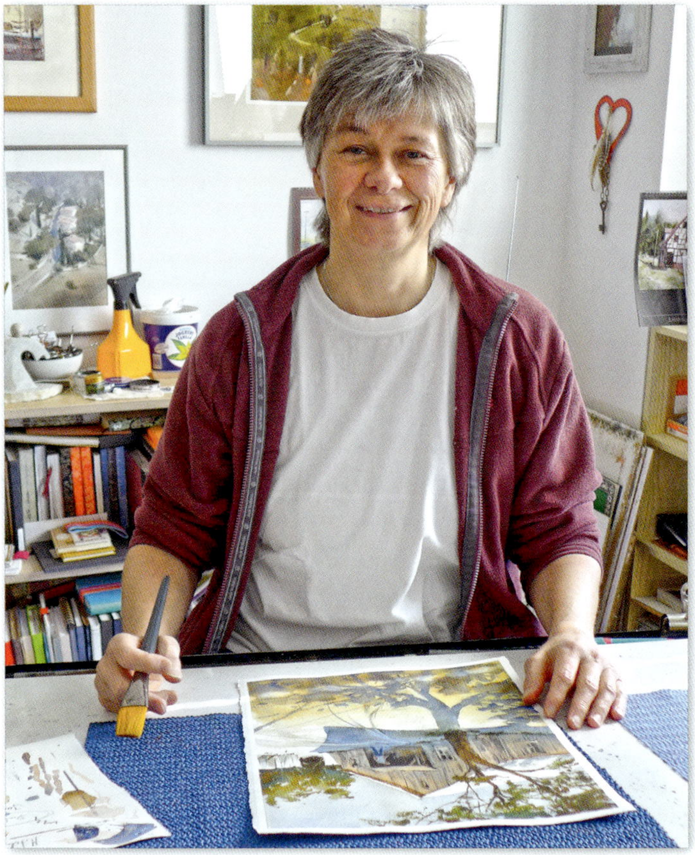

Es klingt schon fast philosophisch: Wo Schatten sind, ist auch immer Licht!

Neben aller Theorie ist es wichtig, die Eigenschaften der unterschiedlichen Schattenwürfe möglichst oft zu studieren. Beobachte, in welcher Art und Weise das Licht deine Umgebung beeinflusst. Allein durch deine bewusste Wahrnehmung kannst du viel über das Thema lernen.

Begegnet dir eine spannende Schattenform, fotografiere sie oder, noch besser, halte sie in deinem Skizzenbuch fest. Jede Jahreszeit hat ihre ganz eigene Stimmung, jeder Ort auf der Welt hat ein anderes Flair, und jeder Künstler malt in seiner einzigartigen Handschrift.

Wenn die Sonne mal nicht scheint, hast du jetzt ein gutes Grundwissen an der Hand, um deine Kompositionen ins rechte Licht zu rücken.

Was ist der Unterschied zwischen dem Meister und einem Schüler?
Der Meister ist öfter gescheitert, als es der Schüler je versucht hat.

aus Asien

Impressum

Illustrationen & Fotos: Kristina Jurick
Verantwortlich: Xenia Kuczera
Lektorat & Projektmanagement: ZweiKonzept GbR
Umschlaggestaltung: Dominik Günzinger
Satz: Marcus Taeschner
Repro: LUDWIG:media
Herstellung: Bettina Schippel
Printed in Slovenia by Florjancic Tisk

Unser komplettes Programm finden Sie unter

www.christophorus-verlag.de

★★★★★

Sind Sie mit diesem Titel zufrieden? Dann würden wir uns über Ihre Weiterempfehlung freuen. Erzählen Sie es im Freundeskreis, berichten Sie Ihrem Buchhändler oder bewerten Sie bei Onlinekauf. Und wenn Sie Kritik, Korrekturen, Aktualisierungen haben, freuen wir uns über Ihre Nachricht an: Christian Verlag, Postfach 40 02 09, D-80702 München oder per E-Mail an lektorat@verlagshaus.de.

In diesem Buch wird aus Gründen der besseren Lesbarkeit das generische Maskulinum verwendet. Weibliche und anderweitige Geschlechteridentitäten werden dabei ausdrücklich mitgemeint, soweit es für die Aussage erforderlich ist.

Die Deutsche Nationalbibliothek verzeichnet diese Publikation in der Deutschen Nationalbibliografie; detaillierte bibliografische Daten sind im Internet über http://dnb.d-nb.de abrufbar.

2. Auflage 2025

in der Christian Verlag GmbH
Infanteriestraße 11a, 80797 München

ISBN 978-3-86230-466-0

Besuchen Sie uns im Internet: www.christophorus-verlag.de & www.selbstgemacht.de

Ebenfalls erhältlich ...

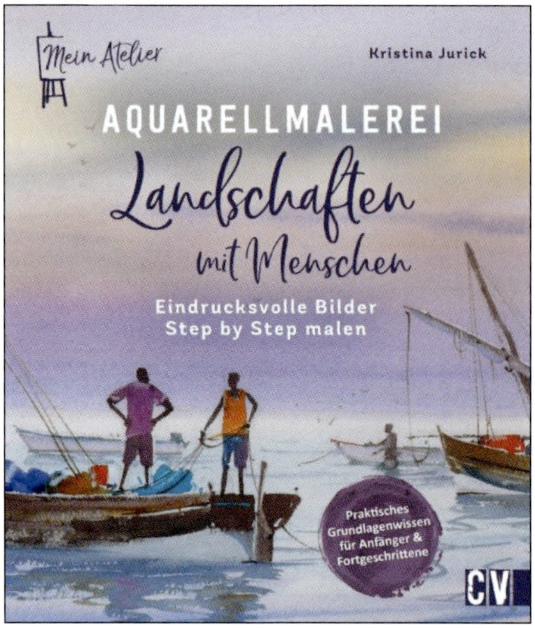

ISBN 978-3-86230-461-5

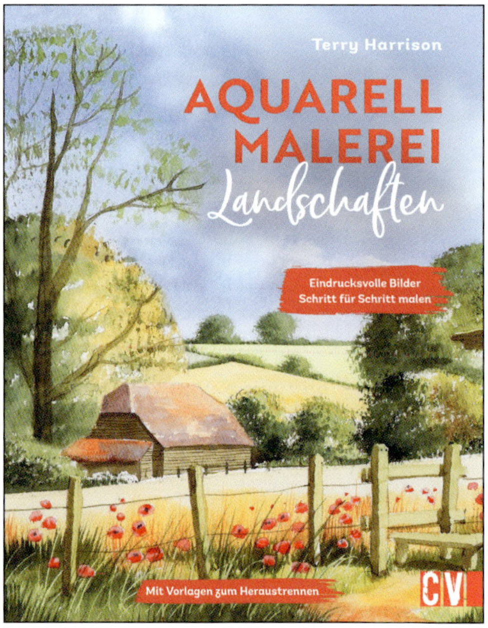

ISBN 978-3-86230-454-7

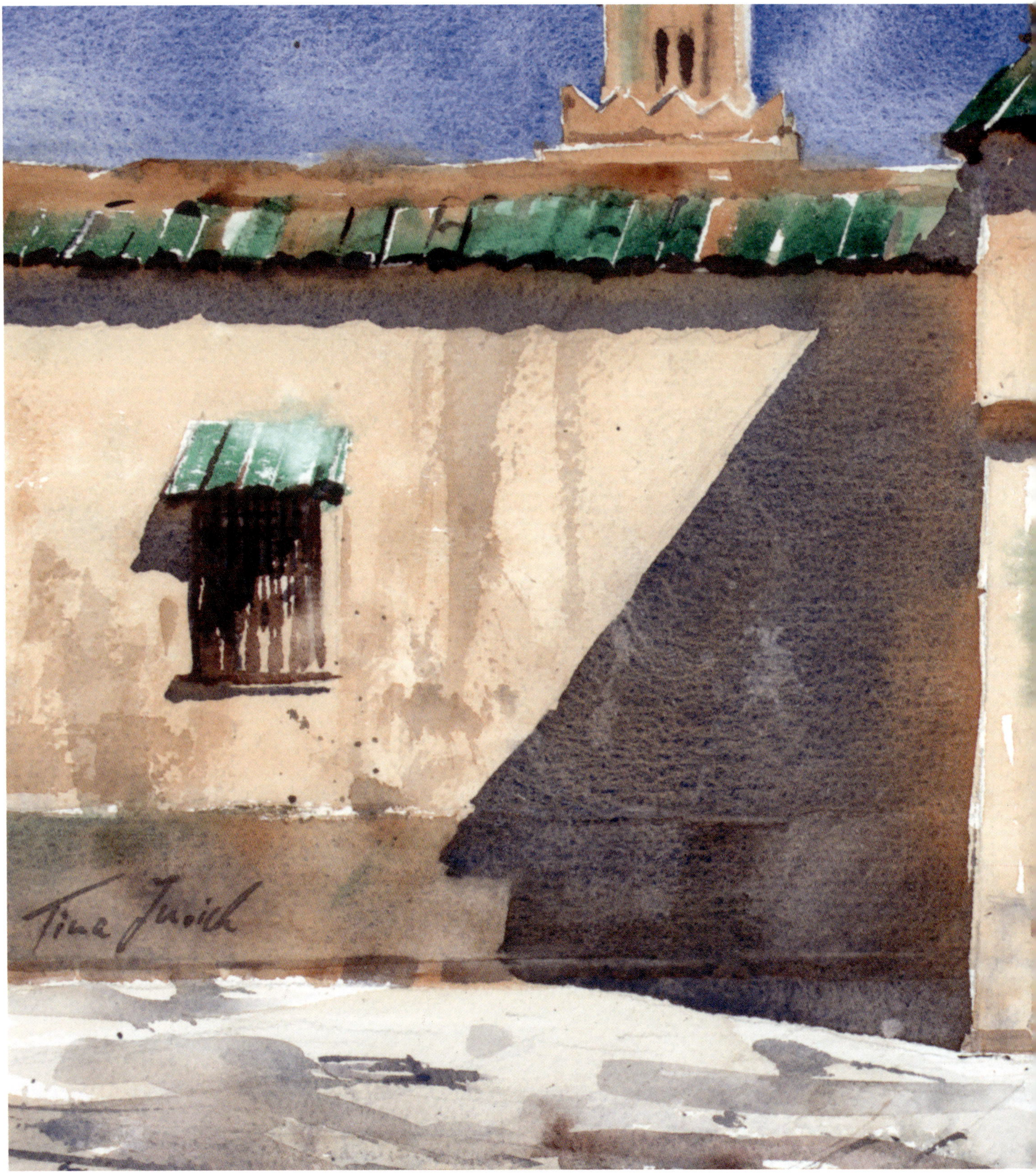